A arte da sabedoria

Baltasar Gracián

A arte da sabedoria

Tradução de **Ari Roitman**

São Paulo, 2020

A arte da sabedoria

Oráculo manual y arte da prudencia by Baltasar Gracián
Edição digital (Biblioteca Virtual Miguel de Cervantes) da edição de Huesca, Juan Nogués, 1647, e cotejada com a edição crítica de Emilio Blanco (Madri, Cátedra, 1997).

Copyright © 2020 by Novo Século Editora Ltda.

COORDENAÇÃO EDITORIAL: Nair Ferraz
TRADUÇÃO: Ari Roitman
PREPARAÇÃO DE TEXTO: Equipe Novo Século
REVISÃO: Editorando Birô
DIAGRAMAÇÃO: Bruna Casaroti
CAPA: Rafael Brum

Texto de acordo com as normas do Novo Acordo Ortográfico da Língua Portuguesa (1990), em vigor desde 1º de janeiro de 2009.

Dados Internacionais de Catalogação na Publicação (CIP)

Gracián, Baltasar, 1601-1658
A arte da sabedoria / Baltasar Gracián; tradução de Ari Roitman.
Barueri, SP: Novo Século Editora, 2020.

Título original: *Oráculo manual y arte da prudencia*

1. Máximas 2. Aforismos 3. Autoajuda
I. Título II. Roitman, Ari

20-1168   CDD-868

Índice para catálogo sistemático:
1. Máximas

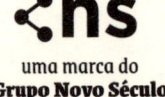

uma marca do
Grupo Novo Século

Alameda Araguaia, 2190 – Bloco A – 11º andar – Conjunto 1111
CEP 06455-000 – Alphaville Industrial, Barueri – SP – Brasil
Tel.: (11) 3699-7107
www.gruponovoseculo.com.br | atendimento@gruponovoseculo.com.br

Publicado por dom Vicenzio Juan de Lastanosa e dedicado ao Excelentíssimo Senhor dom Luís Méndez de Haro, Conde Duque.
Com autorização. Impresso em Huesca, por Juan Nogués. Ano 1647.

Aprovação do Padre M. Fr. Gabriel Hernández, Catedrático de Teologia da Universidade de Huesca, da Ordem de Santo Agostinho

Por mandado do ilustre senhor doutor Gerónimo de Arasqüés, cônego da Santa Igreja de Huesca, oficial eclesiástico e vigário geral de seu bispado, vi este livro intitulado *Oráculo manual e arte da prudência*, extraído das obras de Lorenzo Gracián publicadas por dom Vincencio Juan de Lastanosa. Admirei encontrar tanta alma em tão pequeno corpo. É uma quintessência da mais profunda sabedoria, já que os eruditos não se alimentam de outra coisa. Aqui se apresentam em conjunto todas as obras deste autor; se cada uma delas é em si mesma um prodígio, todas aqui reunidas representam a sua suma. Sempre considerei difícil a arte da sabedoria, mas quem sabe achar regras para a perspicácia também pode ditar preceitos para a sensatez. Nada há que contrarie a nossa santa fé; antes, é um espelho da razão, moderna maravilha de acertos; tampouco é empecilho para os costumes cristãos, mas um realce sensato daquelas ações em que o engenho admira o que o juízo alcança. Este é o meu parecer. Convento de Nosso Pai Santo Agostinho de Huesca. 11 de março de 1647.

FREI GABRIEL HERNÁNDEZ

Em vista da aprovação do P. M. Frei Gabriel Hernández, autorizamos que se imprima o *Oráculo manual e arte da prudência*.

DOUTOR GERÓNIMO ARASQÜÉS
Oficial Vigário Geral

Aprovação do Doutor Juan Francisco Andrés, Cronista do Reino de Aragão

Li atentamente, por ordem do mui Ilustre Senhor dom Miguel Marta, do Conselho de Sua Majestade, e seu Regente na Real Chancelaria de Aragão, os aforismos das obras impressas e manuscritas de Lorenzo Gracián publicados por dom Vincencio Juan de Lastanosa, iniciativa que merece não apenas licença para sua impressão, mas aplausos e admiração.

Por isso, e porque não se opõem às regalias do Rei nosso senhor, podem ir para o prelo. Assim o considero.

Saragoça, 24 de março de 1647.
DOUTOR JUAN FRANCISCO ANDRÉS

Imprimatur.

MARTA, *Reg.*

Excelentíssimo Senhor:

Este *Oráculo* da sabedoria não demanda tanto o amparo de V. Exª quanto a vossa autoridade; não a sorte, que é grande, mas o merecimento, que é ainda maior. Pretende não parecer impossível em cópia de preceitos, tendo em vista sua originalidade em execução. Cifra todo um varão de virtudes e decifra as que venerou em V. Exª. Daquela que foi primeiro admiração, faz arte. Que seja escusa de seu altivo destino aos pés de V. Exª aquilo que já foi lisonja ao grande macedônio. Os habitantes da culta Corinto lhe ofereciam o privilégio de cidadão e, como parecia ridículo esse favor ao conquistador do mundo todo, douraram o fato com este dito: que com ninguém haviam usado esse tipo de deferência, senão com Hércules e com ele. Seja-me escusa que estas Obras a ninguém consagrei, senão ao Rei nosso Senhor, ao Príncipe e a V. Exª, a quem rogo com propriedade o Católico. *Vale.*

DOM VINCENCIO JUAN DE LASTANOSA

Ao Leitor

Nem ao justo, leis; nem ao sábio, conselhos; mas ninguém tem todo o saber de que necessita. Uma coisa me hás de perdoar e outra, de agradecer: chamar de *Oráculo* este compêndio de aforismos sobre o viver, já que de fato o é, no que tem de sentencioso e conciso; e oferecer-te nestas linhas todos os doze Graciáns, tão estimados são todos e cada um que *El discreto*, assim que se viu publicado na Espanha, foi traduzido na França para a sua língua e impresso em sua Corte. Sirva este livro de memorial à razão no banquete de seus sábios, em que se registrem os pratos judiciosos que serão servidos nas demais obras para distribuir o bom gosto com sabedoria.

1   **Tudo está já em seu ponto mais alto; ser uma pessoa cabal é o culminante.** Hoje se requer mais para um sábio que antigamente para sete; neste nosso tempo é preciso mais para lidar com um homem sozinho que com todo um povo no passado.

2   **Talento e inteligência.** Os dois eixos da exibição de qualidades; um sem o outro, meia felicidade. Não basta ser entendido, pois se almeja ser genial. Infelicidade do tolo: errar na escolha de posição, ofício, região e amizades.

3   **Fazer suspense**. Apreciar as novidades é apreciar os acertos. Jogar com o jogo aberto não é útil nem elegante. Falar pouco cria suspense, sobretudo quando um cargo elevado provoca expectativa geral; sugere mistério em tudo e, por seu próprio caráter enigmático, leva à admiração. Mesmo para fazer-se entender convém fugir da afabilidade excessiva, assim como nunca se há de expor a própria intimidade a todos. O silêncio recatado é o santuário da sensatez. Uma decisão manifestada com clareza nunca é apreciada; ao contrário, fica exposta a críticas, e em caso de fracasso o resultado é duplamente infeliz. Convém, então, imitar o proceder divino para obter a atenção e a consideração geral.

4 **Saber e determinação conferem grandeza.** O saber e a determinação, por serem imortais, fazem imortais: cada pessoa é o que sabe, e o sábio pode tudo. Homem sem informação, mundo às escuras. Discernimento e força, olhos e mãos; sem determinação, a sabedoria é estéril.

5 **Criar dependências.** Quem faz o deus não é quem o doura, mas quem o adora. O homem sagaz prefere as pessoas carentes às que lhe são gratas. Confiar no agradecimento do povo é abrir mão da esperança cortesã, pois o que esta tem de boa memória aquele tem de esquecido. Mais proveitosa que a cortesia é a dependência: quem já matou a sede dá as costas para a fonte, e a laranja depois de espremida decai de ouro a lodo. Finda a dependência, fim da correspondência, e com ela o da estima também. Fica aqui a lição, a principal da experiência: há que conservar a dependência alheia, não satisfazê-la, alimentando a necessidade de si até mesmo no mandatário coroado; mas não se deve chegar ao exagero de calar-se para que errem, nem de deixar sem reparação um dano causado em proveito próprio.

6 **O homem em seu apogeu.** Ninguém nasce pronto: a cada dia a própria pessoa vai se aperfeiçoando em seu trabalho, até chegar ao ponto de consumar-se como um ser pleno de atributos e qualidades. Será então reconhecido pelo bom gosto, pela fina inteligência, pelo juízo maduro, pela vontade límpida. Alguns nunca chegam a completar-se, sempre lhes falta alguma coisa; outros levam muito tempo. O homem consumado, sábio em ditos, prudente em feitos, é admitido e até desejado no convívio seleto das pessoas de bom senso.

7   **Evitar vitórias sobre o chefe.** Toda vitória é odiosa; sobre o chefe, ela é tola ou fatal. A superioridade sempre é detestada, ainda mais sobre os próprios superiores! O homem cauto costuma ocultar as vantagens vulgares, por exemplo dissimulando sua beleza com certo desleixo. Não é difícil achar quem queira ceder quanto à sorte ou ao talento, mas quanto à inteligência, ninguém – muito menos um soberano! A inteligência é a rainha das qualidades, e assim qualquer crime contra ela é de lesa-majestade. São soberanos, e querem sê-lo no que é mais importante. Os príncipes gostam de ser ajudados, mas não superados, e preferem que qualquer aviso tenha mais viso de recordação de algum esquecimento que de explicação de algo que não entenderam. Essa sutileza nos é ensinada perfeitamente pelos astros que, embora sejam seus filhos, e brilhantes, nunca se atrevem a brilhar como o sol.

8   **Homem sem paixões.** Eis a qualidade mais elevada da alma: sua superioridade o exime de sujeitar-se a impressões passageiras e banais. Não há maior domínio que o domínio de si mesmo, dos próprios sentimentos, num triunfo do livre-arbítrio. E quando o seu espírito é ocupado por uma emoção, não permite que interfira em suas responsabilidades, sobretudo se forem altas: maneira perspicaz de evitar desgostos e um atalho para a boa reputação.

9   **Negar os defeitos da sua nação.** A água participa das boas ou más qualidades dos veios por onde passa, e o homem, das do clima onde nasce. Alguns devem à pátria mais que outros, por estarem em terreno mais favorável. Não há nação, mesmo dentre as mais cultas, que escape de ter algum defeito de origem; e os povos vizinhos logo o censuram, por cautela ou por consolo. A habilidade de corrigir, ou pelo menos desmentir, esses deslizes nacionais é um

verdadeiro triunfo; e assim se consegue a louvável fama de único entre os seus, pois o que é menos esperado é o que mais se aprecia. Também há defeitos de linhagem, condição, ofício e idade, os quais, se combinados todos num só indivíduo e não forem prevenidos com atenção, criam um monstro insuportável.

10

Sorte e fama. O que uma tem de inconstante, a outra tem de firme. A primeira é para viver, a segunda para depois; aquela é contra a inveja, esta contra o esquecimento. A sorte se deseja e às vezes se ajuda; a fama se conquista, pois o desejo de boa reputação nasce da virtude. A fama sempre foi, e é, irmã de gigantes; está sempre nos extremos: monstros ou prodígios, execração ou aplausos.

11

Conviver com gente de quem se possa aprender algo. Que o convívio amigável possa ser uma escola de erudição, e a conversa, uma fonte de culta aprendizagem. Fazer dos amigos, mestres, combinando assim o útil de aprender com o agradável de conversar. Com os sábios se alterna a fruição: quem fala recebe o aplauso que o acolhe, e quem ouve recebe o ensinamento do outro. Normalmente o que nos leva até o outro é nossa própria conveniência, que aqui se realça. O homem prudente frequenta as casas de altas figuras da Corte que são mais teatros de heroísmo que palácios da vaidade. Há senhores considerados sábios que não apenas são oráculos de grande magnitude, com seu exemplo e seu trato, mas o cortejo dos que os seguem é uma alta academia de boa e gentil sensatez.

12

Natureza e cultura, matéria e obra. Não há beleza sem ajuda, nem perfeição que não acabe em barbárie se não tiver artifícios que a realcem, socorrendo o que é ruim e aperfeiçoando o que é bom. A

natureza geralmente nos deixa desassistidos: recorramos então à cultura. Sem ela o melhor talento natural é inculto, e as perfeições ficam pela metade. Todo homem parece tosco sem a cultura, é necessário polir-se para atingir qualquer tipo de perfeição.

13 Agir com intenção, seja a segunda, seja a primeira. A vida do homem é uma milícia contra a malícia do próprio homem. A astúcia peleja usando os estratagemas da má intenção; nunca faz o que indica: procura, sim, ofuscar; gesticula no ar com destreza e, inesperadamente, ataca na realidade, sempre disposta a confundir. Mostra determinada intenção para atrair a atenção do rival, e depois se volta contra ele, vencendo-o pelo inesperado. Mas a inteligência aguda se previne da astúcia observando-a com atenção, espreitando-a pensadamente, entendendo sempre o contrário do que ela quer que entenda e, assim, percebe logo qualquer intento de falsidade; deixa passar a primeira intenção, à espera da segunda, e mesmo da terceira. Ao ver seu artifício descoberto, o outro aumenta a simulação e pretende enganar usando a própria verdade. Muda de jogo para mudar de truque, e transforma o não artifício em artifício, baseando sua astúcia na maior ingenuidade. Mas chega a observação que, entendendo sua perspicácia, revela as trevas revestidas de luz e decifra sua intenção: quanto mais simples, mais escondida. É assim o combate entre a esperteza de Píton e a singeleza dos penetrantes raios de Apolo.

14 A realidade e os modos. Não basta a substância, a forma também é necessária. A falta de modos põe tudo a perder – até a justiça e a razão. Já os bons modos suprem tudo; douram o *não*, adoçam a verdade e embelezam até a velhice. É grande o papel do *como* nas coisas, pois a gentileza atrai a boa vontade geral. Portar-se com educação é a glória do viver, maneira de levar tudo a bom termo.

15   **Contar com inteligências auxiliares.** Felicidade dos poderosos: ter ao seu lado inteligências valentes que os tirem de todos os apuros da ignorância e combatam as dificuldades por eles. Servir-se de sábios é de uma grandeza singular, muito superior ao bárbaro costume de Tigranes, aquele que transformava em criados os reis que derrotava. Um novo tipo de dominação, para se viver melhor, é atrair com sensibilidade para o seu séquito aqueles que a natureza dotou de inteligência superior. Há muito a saber e pouco a viver, e não se vive se não se sabe. É preciso, então, uma habilidade única para aprender sem esforço, e aprender muito para muitos, sabendo por todos. Depois, num consistório, fale por muitos: deixe se manifestarem pela sua boca todos os sábios que o lecionaram, recebendo o crédito de oráculo à custa do suor alheio. Eles escolhem a lição e depois servem a quintessência do saber ali contido. Quem não pode ter a sabedoria como serva, que a tenha como amiga.

16   **Saber com boa intenção.** Assim garantirá a fecundidade dos acertos. Casar a inteligência com a má intenção sempre foi uma violência monstruosa. A intenção maldosa é um veneno para as nossas perfeições e, quando ajudada pelo saber, infecta com mais sutileza. Infeliz inteligência aquela que se emprega na maldade! Ciência sem siso, loucura dupla.

17   **Variar na maneira de agir.** Não obrar sempre de um só modo, para confundir a atenção alheia, sobretudo dos rivais. Não agir sempre de acordo com a primeira intenção, pois os outros notarão essa uniformidade, prevenindo-se e frustrando suas ações: é fácil matar a ave que voa em linha reta, mas não a que o faz em zigue-zague. Tampouco se há de agir sempre conforme à segunda intenção, já que da segunda vez entenderão o seu ardil. A malícia está sempre à espreita; é preciso muita esperteza para enganá-la. O bom jogador nunca move a peça que o adversário espera, muito menos a que ele deseja.

18 Esforço e sabedoria. Não há perfeição sem essas duas coisas; quando ambas coincidem, há de sobra. Uma pessoa mediana consegue mais com dedicação que uma superior sem ela. Compra-se reputação a preço de trabalho, pois tem pouco valor o que custa pouco. Alguns não se esforçam o suficiente mesmo em seus primeiros trabalhos: isso faz parte do seu caráter. Não ser excelente num ofício vulgar para ser mediano num superior tem a desculpa da generosidade; mas contentar-se em ser mediano no último, podendo ser excelente no primeiro, não. Portanto, é preciso contar com a natureza e o esforço; o esforço põe o selo.

19 Não alimentar expectativas exageradas. Em tudo o que é muito comemorado previamente, uma decepção comum é depois não chegar ao sucesso tal como foi concebido. A verdade nunca consegue alcançar a imaginação, porque fingir perfeições é fácil; difícil é tê-las. A imaginação se casa com o desejo, sempre concebe muito mais do que as coisas são. Por maiores que sejam as qualidades, elas nunca bastam para atingir o que foi imaginado. Diante de uma expectativa tão exorbitante, o desengano é mais rápido que a admiração. A esperança é a grande falsificadora da verdade: o bom senso deve corrigi-la, procurando fazer com que a gratificação pelo resultado sobrepuje o desejo. A credibilidade serve para atiçar a curiosidade, não para persuadir quanto ao objeto. É bem melhor quando a realidade supera o que foi idealizado e é maior do que se pensava. Esta regra não vale para as coisas ruins, pois nesse caso o exagero ajuda; todos aplaudem quando ela é desmentida, chegando a parecer tolerável o que antes se temia ser extremamente ruim.

20 **O homem em seu século.** As pessoas realmente especiais dependem de sua época. Nem todas tiveram a que mereciam, e muitas, ainda que tivessem, não conseguiram aproveitá-la. Algumas seriam dignas de um século melhor, pois nem tudo o que é bom triunfa sempre. As coisas têm sua hora e sua vez, até as qualidades dependem do momento; mas o sábio tem uma vantagem: ele é eterno, e se este não é seu século, muitos outros o serão.

21 **Arte de ser feliz.** Há regras para a sorte, pois para o sábio nem tudo é acaso: a sorte pode ser ajudada pelo esforço. Alguns se limitam a postar-se airosamente às suas portas, esperando que ela atue. Outros fazem melhor, passam à frente e se valem de uma audácia sensata que, nas asas de sua virtude e coragem, pode atingir a felicidade com eficácia. Mas, filosofando bem, não há outra escolha senão a virtude e a atenção, pois não existe sorte nem azar, e sim prudência ou imprudência.

22 **Homem de louvável saber.** A munição das pessoas de bom senso é uma erudição cortês e saborosa; um saber prático de tudo o que é corrente, mais para bem informado que para vulgar. Há que ter uma coletânea bem condimentada de ditos espirituosos, de feitos galantes, e saber empregá-los no momento oportuno, pois às vezes um aviso tem mais efeito em forma de pilhéria que como um grave magistério. Para alguns, saber conversar serve mais que todas as sete artes, apesar de serem tão liberais.

23   **Não ter qualquer desdouro.** É o grande óbice à perfeição. Ninguém vive sem defeitos, tanto no plano moral quanto no físico, e todos se apegam a esses defeitos, mesmo podendo superá-los com facilidade. O senso comum às vezes lamenta que alguém com uma universalidade sublime de qualidades tenha um defeito mínimo, bastando uma nuvem para eclipsar todo um sol. São nódoas na reputação, nas quais a malevolência imediatamente para e repara. Uma habilidade suprema seria transformá-las em qualidades. Foi desta forma que César soube cobrir de louros o seu defeito natural.

24   **Moderar a imaginação.** Algumas vezes corrigindo-a, outras vezes estimulando-a, sempre com o necessário ajuste da sensatez, pois que de tudo isso depende a felicidade. Às vezes a imaginação é tirana; não se contenta com especular, também entra em ação e pode até dominar a vida, tornando-a saborosa ou amarga, segundo a compreensão que se tenha, e criando homens frustrados ou autocomplacentes. Para alguns, a imaginação implica uma tristeza contínua, que se torna um verdugo interno dos tolos. Para outros, propõe felicidades e aventuras com uma alegre presunção. Tudo isso ela pode fazer, se não for freada por um prudentíssimo senso moral.

25   **Bom entendedor.** A grande arte das artes já foi saber refletir: agora já não basta, é preciso adivinhar, sobretudo em matérias duvidosas. Quem não é bom entendedor não há de ser bem entendido. Existem adivinhos do coração e linces das intenções. As verdades que mais nos importam vêm sempre em meias palavras, só os mais atentos as captam por inteiro. Quando o assunto é favorável, há que se puxar as rédeas da credulidade; quando é odioso, instigá-la.

26 **Descobrir o ponto fraco de cada um.** É a arte de manipular vontades; saber como chegar a cada pessoa exige mais habilidade que determinação. Não há vontade que não tenha uma preferência especial por alguma coisa, diferente segundo a variedade dos gostos. Todos são idólatras: alguns do afeto, outros do interesse, a maioria do prazer. O segredo está em descobrir esses ídolos motivadores; conhecer o impulso eficaz de cada um é como ter a chave do querer alheio. Deve-se ir à motivação primordial, que nem sempre é a superior; geralmente é algo ínfimo, porque no mundo há mais desregrados que disciplinados. Primeiro se há de avaliar a personalidade, depois usar o verbo para tocar nesse ponto fraco que infalivelmente irá pôr em xeque o livre-arbítrio do outro.

27 **Melhor intenso que extenso.** A perfeição não consiste na quantidade, mas na qualidade. Tudo o que é bom sempre foi pouco e raro: quando é muito, provoca descrédito. Mesmo entre os homens, os gigantes costumam ser verdadeiros anões. Alguns avaliam os livros pelo volume, como se tivessem sido escritos para exercitar mais os braços do que as mentes. A mera extensão não pode superar a mediocridade; eis a praga dos homens que se pretendem universais: por quererem estar em tudo, não estão em nada. A intensidade confere excelência, e até mesmo glória quando se dá em matéria relevante.

28 **Nunca ser vulgar.** Sobretudo no gosto. Ah, o grande sábio que ficava desgostoso quando suas coisas agradavam a muitos! O aplauso comum, mesmo sendo copioso, não satisfaz ao homem de bom senso. Algumas pessoas são verdadeiros camaleões da popularidade: desfrutam não com as suavíssimas aragens de Apolo, mas com o hálito vulgar. Tampouco há que ser vulgar no entendimento, nem satisfazer-se com os milagres da plebe, pois não passam de embustes, sempre admirando a ignorância comum e ignorando a advertência singular.

29

Homem de integridade. Sempre há que estar do lado da razão, e com tamanha determinação que nem a paixão vulgar nem a violência tirânica jamais possam obrigá-lo a pisar nos limites da razão. Mas quem será esse fênix da imparcialidade? Pois a integridade tem poucos adeptos, é celebrada por muitos, mas não na própria casa; outros a seguem até que chega o momento de perigo, quando os falsos a renegam e os políticos a simulam. O homem íntegro não se importa em contrariar a amizade, o poder e nem mesmo a própria conveniência, e aqui tem que saber identificá-la. Os astutos sempre ponderam com uma metafísica plausível, para não ofender razões de força maior ou de Estado, mas o homem leal considera a dissimulação uma espécie de traição, orgulha-se mais da sua tenacidade que da sua sagacidade e está sempre onde a verdade estiver. Se a integridade abandona os homens, não é por inconstância sua, mas porque estes a abandonaram primeiro.

30

Não sustentar teses desacreditadas. Muito menos quimeras, que atraem mais o desprezo que o crédito. São muitas as vias do capricho, e de todas elas o homem sensato há de fugir. Há gente de gosto exótico que sempre abraça tudo o que os sábios repudiam; e até se orgulha da própria originalidade que, embora os torne conhecidos, granjeia mais risadas que reputação. Nem sequer a busca da sabedoria deve ser ostentada pelo homem precavido, muito menos em questões que levam ao ridículo quem as aborda, as quais nem são aqui mencionadas, porque o descrédito geral já as distingue.

31

Conhecer os venturosos para acolhê-los, e os desafortunados para evitá-los. A infelicidade geralmente é um crime de inépcia, não há nada tão pegadiço quanto o seu contágio: nunca se deve abrir a porta para o mal, por menor que for, pois atrás dele sempre virão muitos outros, e maiores, em cilada. O melhor truque no jogo é saber descartar: a menor carta do trunfo atual vale mais que a maior do anterior. Na dúvida, o mais acertado é achegar-se aos sábios e prudentes, que mais cedo ou mais tarde se deparam com a sorte.

32 Ser conhecido por agradar os outros. Para quem governa, agradar sempre dá bons créditos: os soberanos se realçam conquistando as boas graças de todos. Esta é a única vantagem de mandar: poder fazer o bem mais que todos os outros. Quem é amistoso costuma fazer novas amizades. Outros, ao contrário, nunca estão dispostos a agradar ninguém, nem tanto pelo esforço que significa, mas por maldade, para se contrapor à divina comunicabilidade entre os seres.

33 Saber esquivar-se. Se saber dizer *não* é uma grande lição da vida, ainda mais importante é dizer não a si mesmo, seja nos negócios, seja na vida pessoal. Existem atividades extravagantes que são como traças, só servem para consumir o nosso precioso tempo; pior que não fazer nada é se ocupar com essas insignificâncias. Para o homem prudente, não basta não se intrometer nos assuntos alheios, há que impedir que se intrometam nos nossos. Não se há de ser tão receptivo a todos e se esquecer de si mesmo. Dos amigos não se há de abusar, nem pretender deles mais do que podem dar. Todo exagero é um desacerto, sobretudo no convívio. É com essa judiciosa moderação que se conservam a benevolência e a estima de todos, porque assim não se fere a preciosíssima dignidade. Tenha, então, caráter independente, paixão na escolha, e nunca peque contra a fé da sua própria opção.

34 Conhecer sua aptidão mor. Essa é sua qualidade mais sobressalente, cultive-a e fortaleça as demais. Qualquer pessoa pode destacar-se em alguma atividade quando conhece a vantagem que possui. Identifique seu atributo mor e dedique-se a ele: para alguns é a inteligência, para outros a coragem. Os demais violentam a própria personalidade e, assim, não se destacam em nada: o que a paixão lisonjeia com rapidez o tempo desmente mais tarde.

35 Refletir. E refletir mais sobre o que importa mais. Os tolos sempre se perdem por não pensar: não refletem sobre a metade das coisas e, como não percebem a vantagem nem a desvantagem de cada uma, tampouco se esforçam com diligência. Alguns dão muita importância ao que importa pouco, e pouca ao que importa muito, sempre ponderando ao avesso. Muitos, por já serem carentes de juízo, não o perdem. Certas coisas deveriam ser observadas com toda a atenção e conservadas no mais profundo da mente. O sábio reflete acerca de tudo, mas seu discernimento o faz cavar onde há mais profundidade e resistência, pensando que ali pode haver mais do que se pensa, e assim a reflexão chega aonde a percepção não tocou.

36 Levar em conta a própria sorte. Para agir, para empreender. Isto é mais importante que observar o temperamento, pois se é tolo aquele que, aos quarenta anos, chama Hipócrates para cuidar da sua saúde, mais tolo ainda é quem chama Sêneca para cuidar do seu espírito. Saber administrar a sorte é uma grande arte, seja esperando-a, pois que nela também cabe a esperança, seja desfrutando-a, pois que tem vez e contingência, embora não se possa captar o seu teor sendo tão anômalo seu comportamento.

Quem a sentiu favorável deve avançar sem receio, pois a sorte costuma se apaixonar pelos ousados, e também, como é generosa, pelos jovens. Não faça nada quando estiver azarado, retire-se para não dar lugar a duas infelicidades. Quem domina a sorte sempre leva vantagem.

37

Conhecer e saber usar farpas. É o ponto mais sutil do convívio humano. Soltam-se farpas para sondar os ânimos, é com elas que se faz a mais dissimulada e penetrante sondagem do coração. E também há outras farpas, maliciosas, atrevidas, tocadas pela erva da inveja, untadas pelo veneno da paixão: são raios imperceptíveis destinados a apagar a graça e a estima. Muitos perderam amizades maiores e menores, atingidos por um dito leviano desses, mesmo aqueles que resistiram sem hesitar a toda uma conjura entre a maledicência do povo e a malevolência individual. Outras farpas, ao contrário, têm efeito favorável, apoiando e confirmando a reputação. Mas com a mesma habilidade com que a intenção as solta, a cautela deve recebê-las e a atenção esperá-las, pois a melhor defesa consiste em conhecer, e assim o tiro previsto sai pela culatra.

38

Saber sair da disputa quando está ganhando. Isso é do feitio de um jogador renomado. Tem tanto valor uma bela retirada quanto uma investida feroz; trata-se de resguardar os resultados, quando abundantes, se houver o suficiente. A felicidade contínua sempre provoca desconfiança: mais segura é a felicidade entremeada, que tenha algo de agridoce, até mesmo para a nossa fruição. Quanto mais as alegrias se precipitam, mais possibilidades têm de escorregar e ir por água abaixo. Às vezes a breve duração da sorte é compensada pela intensidade da sua benevolência. Ela se cansa de levar alguém nas costas por muito tempo.

39

Conhecer as coisas em seu auge, no momento certo, e saber desfrutar delas. Todas as obras da natureza chegam a um ponto de completamento da sua perfeição: até aí, estão ganhando; daí em diante, perdendo. Já as obras artificiais raramente atingem esse ponto de não poder melhorar. É de máximo bom gosto saber fruir cada coisa no seu auge: nem todos podem, e os que podem raramente sabem fazê-lo. Mesmo os frutos do conhecimento têm esse ponto de maturação; há que saber reconhecê-lo, para assim apreciá-los e usá-los.

40

Cair nas graças dos outros. Conquistar a admiração geral é muito, mas a afeição é ainda mais: depende um pouco da sorte e muito do esforço; começa com aquela e prossegue com este. Não basta ter altas qualidades, por mais que se suponha ser fácil conquistar o afeto com palavras. A benevolência demanda a beneficência: há que fazer o bem a mancheias, com boas palavras e melhores gestos, e amar para ser amado. É com a cortesia que os grandes personagens cativam as gentes. Primeiro se há de fazer o bem a granel, depois passar para o papel, pois que também há graças de escritores, e são eternas.

41

Nunca exagerar. Muita atenção para nunca falar com superlativos, a fim de não correr o risco de ofender a verdade nem desdourar a nossa própria sensatez. Os exageros são um desperdício de estima e revelam falta de conhecimento e de gosto. Os elogios despertam uma viva curiosidade, atiçam o desejo, mas, depois, se o alvo não fizer jus ao apreço que lhe têm, como costuma acontecer, as expectativas se frustram com o engano e se transformam em menosprezo, tanto pelo objeto celebrado como por quem o celebrou.

O homem prudente, vai com calma e prefere pecar por falta que por excesso. São raras as verdadeiras excelências: portanto, modere suas opiniões. Superestimar as coisas é uma forma de mentir, pode arruinar uma reputação de elegância, que é importante, e de sapiência, que é mais.

42

Autoridade natural. É uma força secreta que dá superioridade. Não precisa usar artifícios desagradáveis quem já tem um predomínio natural. Todos se submetem a essa autoridade natural, sem saber por que, reconhecendo o seu vigor secreto. Pois esses gênios senhoris, reis por mérito e leões por privilégio inato, conquistam o coração e as palavras dos outros graças ao respeito que inspiram; se, além disso, outros dotes os favorecem, então nasceram para insignes articuladores políticos, porque conseguem mais com meias palavras que outros com muita verborragia.

43

Sentir como a minoria e falar como a maioria. Ir contra a corrente evita decepções, mas expõe a perigos. Apenas Sócrates podia fazer isso. Considera-se que discordar é ofensivo, porque significa condenar a opinião alheia. Assim, multiplicam-se os que se sentem contrariados, tanto por causa do indivíduo que foi criticado como daqueles que o aplaudiam. A verdade é para poucos, e o erro, tão comum quanto popular. Não se reconhece o sábio pelo que diz em público, pois a pessoa não fala ali com sua própria voz, mas com a voz da tolice generalizada, por mais que intimamente a desminta. O homem sensato evita ser refutado na medida em que evita refutar os demais: o que tem de rapidez nas suas críticas deve ter de morosidade em enunciá-las. O sentimento é livre, não se pode nem se deve violá-lo; o homem prudente há de recolher-se em seu sagrado silêncio e, se algum dia se revelar, será para poucos e sábios.

44 Simpatia com os grandes homens. Harmonizar-se com os grandes é coisa de grande; evoca um prodígio da natureza, por ser algo misterioso e também vantajoso. Nesse caso ocorre um vínculo de corações e de temperamentos que a ignorância popular muitas vezes considera efeito de beberagens mágicas. Essa simpatia vai além da estima, torna-se benevolência e chega mesmo a ser uma verdadeira inclinação; persuade sem palavras e consegue as coisas sem merecimentos. Há uma simpatia ativa e uma passiva; ambas são tão mais felizes quanto mais sublimes. É uma habilidade importante saber conhecê-las, distingui-las e conquistá-las, pois não há esforço bem-sucedido sem esse favor secreto.

45 Usar, mas não abusar, de suposições. Não se deve revelá-las, nem sequer dar a entender que existem; todo artifício há de ser encoberto, porque desperta suspeita, e a reserva, que é odiosa, muito mais. Usa-se muito o engano: portanto há que multiplicar a desconfiança, mas sem que se note, pois provocaria receio. Quando a desconfiança é muita, arrebata e induz à vingança; desperta um mal que não se imaginava. A ponderação dá grande vantagem para atuar; não existe maior argumento no discurso. A perfeição das ações é proporcionada pela mestria com que são executadas.

46 Corrigir a antipatia. É comum detestarmos alguém de primeira, antes mesmo de conhecer seus atributos previsíveis. Às vezes essa aversão inata e vulgarizante se dirige contra homens eminentes. Que a sensatez a corrija, pois o pior descrédito é abominar os melhores; assim como é um mérito a simpatia pelos heróis, é um demérito a antipatia.

47 **Fugir de conflitos.** É uma das primeiras recomendações da prudência. Para as grandes conquistas sempre há grandes distâncias a percorrer até os trechos finais; há muito caminho a andar de um extremo até o outro, e o homem sensato está sempre no meio: prefere demorar a decidir-se, pois é mais fácil tirar o corpo nas situações perigosas que sair-se bem delas – são tentações para o bom senso, por isso é melhor fugir que vencer. Um conflito sempre traz outro maior, e sempre se está à beira da derrocada. Existem homens que, por seu caráter ou até por sua origem, vivem se metendo em apuros, mas quem caminha à luz da razão procura ponderar muito as situações: conclui que não se envolver é mais valioso que vencer e, como já há um tolo obstinado, evita assim que sejam dois.

48 **O homem profundo é mais que uma pessoa comum.** Em todas as coisas, o interior sempre há de ser mais relevante que o exterior. Há indivíduos que são pura fachada, como uma casa que não foi terminada por falta de recursos: a entrada é de palácio, mas os aposentos parecem uma choupana. Não há onde repousar, ou então tudo neles está em perpétuo repouso, porque a conversa se acaba logo após os cumprimentos. Chegam às primeiras cortesias como uns pavões, mas logo depois sua voz silencia, pois as palavras se esgotam quando não há ideias fluindo. Eles enganam com facilidade aqueles que também têm uma visão superficial, mas não as pessoas sagazes que, olhando-os por dentro, os acham vazios demais para merecerem a atenção dos mais sensatos.

49 **Homem judicioso e penetrante.** É aquele que se apodera dos objetos, não os objetos dele; sabe investigar o que é mais profundo e dissecar com perfeição os atributos alheios. Ao ver uma pessoa, ele a entende e a censura por sua essência. Dotado de um especial poder de observação, é um grande decifrador da mais recôndita interioridade. Percebe com acidez, concebe com sutileza, infere com juízo: tudo ele descobre, capta, alcança e compreende.

50 **Nunca perder o respeito por si mesmo.** Nem ter motivos para envergonhar-se. A integridade há de ser a norma da sua correção, e dever-se mais à severidade dos próprios ditames que a todos os preceitos externos. Deixe de fazer o que é indigno por respeito à sua própria razão, e não pelo rigor da autoridade alheia. Respeite a si mesmo e não precisará mais de Sêneca como mentor imaginário.

51 **Homem de boas escolhas.** Delas geralmente se vive. As boas escolhas supõem bom gosto e discernimento correto, pois não basta o estudo nem a perspicácia. Nunca há perfeição sem seleção, o que oferece duas vantagens: poder escolher, e escolher o melhor. Muitos, de mente fecunda e sutil, de inteligência aguda, pessoas estudiosas e também bem informadas, perdem-se na hora de escolher: sempre abraçam o pior, pois parece que estão visando errar, e por isso este é um dos dons mais elevados.

52 **Nunca perder o controle.** Muito importante para o equilíbrio é nunca se desarvorar: assim dizem muitos homens de coração soberano, pois os espíritos elevados dificilmente se abalam. As paixões são os humores da alma, e qualquer excesso nelas afeta o bom senso; se o mal chega aos lábios, põe em perigo a reputação. Portanto, seja tão senhor de si e tão grande que, na prosperidade ou na adversidade, ninguém possa criticá-lo por estar perturbado, mas admirá-lo por mostrar-se superior.

53   **Diligente e inteligente.** A diligência realiza com rapidez o que a inteligência pensa com prolixidade. A pressa é paixão dos tolos, pois estes, como não distinguem os obstáculos, agem sem cuidado. Os sábios, ao contrário, costumam pecar de lentidão, pois reparam bem onde andam. Às vezes a demora da ação invalida o acerto do ditame. A presteza é mãe do sucesso. Muito faz quem nada deixa para o dia seguinte. Magnífica empreitada: correr devagar.

54   **Ser brioso de espírito.** Até as lebres puxam a juba de um leão morto. Não há engodo em relação à valentia: quem cede uma vez haverá de ceder a segunda, e desse modo até o fim. Como mais tarde se há de encontrar a mesma dificuldade, é sempre melhor enfrentá-la logo. A valentia do espírito supera a do corpo: tal como a espada, deve estar sempre embainhada em sua prudência, para a ocasião propícia. É a defesa da pessoa. O abatimento do espírito é mais nocivo que o do corpo. Muitos homens de altas qualidades perderam o viço por lhes faltar esse ânimo do coração, e acabaram sepultados em sua própria negligência, pois a natureza sabiamente providenciou, solícita, que se juntasse a doçura do mel com o ferrão perfurante da abelha. Há nervos e ossos no corpo; que o espírito não seja pura brandura.

55   **Homem que sabe esperar.** Revela um grande coração, com reservas de paciência. Nunca se apresse nem se empolgue demais. Seja primeiro senhor de si mesmo, que depois há de ser de outros. Há que saber percorrer os espaços do tempo até chegar ao centro da oportunidade. A espera prudente tempera os acertos e amadurece os segredos. A muleta do tempo é mais eficiente que a clava afiada de Hércules. Deus mesmo não castiga com bordoadas, mas com temporadas. Um grande ditado: "O tempo e eu contra quaisquer outros dois". A própria sorte premia aquele que sabe esperar com a grandeza de um galardão.

56 **Ter boas tiradas.** Nascem de uma feliz presença de espírito: não há apuros nem imprevistos para esta, sempre vivaz e descontraída. Alguns pensam muito para errar depois, e outros acertam tudo sem pensar antes: têm um grande poder de reação e, nas crises, desempenham-se melhor. São uma espécie de fenômenos que acertam tudo de improviso e, quando se põem a pensar, tudo erram; o que não lhes ocorre logo, não ocorrerá nunca mais; que não se espere mais nada. Merecem aplausos os rápidos de espírito, porque revelam uma capacidade prodigiosa: nas ideias, sutileza; nos atos, equilíbrio.

57 **Mais seguro quando pensado.** O que se faz rápido se desfaz com rapidez; mas o que há de durar uma eternidade leva outro tanto para ser feito. Só se presta a atenção na perfeição, e só o acerto permanece. Uma compreensão bem fundamentada atinge eternidades: o que vale muito exige muito esforço, pois mesmo o mais precioso dos metais é o mais lento e o mais pesado deles.

58 **Saber moderar-se.** Não se mostre igualmente sábio com todos, nem empregue mais forças que as necessárias. Não faça desperdícios, nem de saber, nem de valor. O bom falcoeiro não usa mais isca do que o necessário para caçar a presa. Não viva se ostentando, pois no outro dia não causará mais admiração. É preciso ter sempre novidades para exibir, pois quem mostra algo a cada dia mantém a expectativa para sempre e nunca se vislumbram os limites de seus atributos.

59 **Saber chegar ao fim.** Na casa da sorte, quem entra pela porta do prazer sai pela do pesar, e vice-versa. Muito cuidado, então, ao concluir as coisas, dando mais atenção à felicidade da saída que ao aplauso da entrada. Infortúnio comum é ter começos muito favoráveis e finais muito trágicos. O mais relevante não é o aplauso popular à entrada, já que as entradas sempre são aplausíveis, mas o sentimento geral à saída, que raramente é positivo; poucas vezes a sorte acompanha os que saem; o que tem de gentileza com quem chega, tem de grosseria com quem sai.

60 **Bons ditames.** Alguns já nascem prudentes; chegam à sabedoria com a vantagem desse senso ético que lhe é conatural, e assim já têm meio caminho andado para os acertos. Com a idade e a experiência, sua mente se desenvolve por completo, e chegam a um equilíbrio da razão; por isso abominam todo e qualquer capricho, por serem estes verdadeiros atentados à sensatez, principalmente quando se trata de assuntos de Estado, cuja extrema importância requer segurança total. Merecem estes participar do governo, seja para exercê-lo, seja para aconselhar.

61 **Excelência naquilo em que se é melhor.** Uma característica singular entre a pluralidade de perfeições. Todo grande homem tem alguma qualidade sublime: a mediania nunca é objeto de aplausos. A excelência em uma atividade relevante tira a pessoa da vulgaridade comum e a eleva à categoria de especial. Ser excelente numa profissão humilde é ser algo no pouco; quanto mais deleitável, menos glorioso. A superioridade em assuntos elevados proporciona um caráter altivo, desperta admiração e granjeia afetos.

62   **Atuar com bons auxiliares.** Julgam alguns que o máximo de perspicácia é ter auxiliares inferiores a eles: uma satisfação perigosa que merece fatal castigo. A qualidade do funcionário nunca diminui a grandeza do patrão; ao contrário, toda a glória dos acertos recai depois sobre a figura principal, assim como, no caso contrário de fracasso, as críticas. A fama sempre fica com os de cima. Nunca se diz: "Aquele homem teve bons ou maus funcionários", mas "Aquele homem foi bom ou mau artífice". Faça, então, boas escolhas em relação aos auxiliares; avalie-os com cuidado, pois estará confiando a eles a sua reputação vindoura.

63   **Vantagem de ser o primeiro.** E se for com mestria, em dobro. É uma grande vantagem jogar primeiro, pois em caso de igualdade se ganha. Muitos teriam sido imortais como a fênix em suas atividades se outros não tivessem se adiantado. Os primeiros ficam com as benesses da fama, restando para os segundos a árdua luta pelo pão de cada dia; por mais que transpirem, nunca se livram da acusação popular de imitadores. Inventar novos rumos para atingir a excelência é uma sutileza à altura apenas de alguns prodígios, desde que antes se assegurem da sensatez da empreitada. Com a inovação em várias áreas, os sábios garantiram seu lugar na lista dos grandes homens. Alguns preferem ser os primeiros na segunda divisão a ser segundos na primeira.

64   **Saber evitar pesares.** Fugir de aborrecimentos é uma atitude sensata e útil. A prudência evita muitos, é a parteira da felicidade, e por isso também da satisfação. Não convém dar más notícias, e muito menos recebê-las: há que proibir a entrada delas, a menos que seja de um remédio. Alguns gastam os ouvidos de tanto ouvir lisonjas adocicadas; outros, de escutar o amargor dos mexericos; e também há quem não saiba viver sem algum dissabor cotidiano, tal como Mitrídates sem o seu veneno. Tampouco se há de viver permanentemente contrariado só para agradar uma vez a alguém, ainda que seja muito próximo. Nunca se há de pecar contra a própria felicidade para comprazer aquele que dá conselhos e fica de fora: em qualquer circunstância, sempre que agradar o outro signifique desagradar a si mesmo, o melhor conselho é este: mais vale aborrecer o outro agora do que a si mesmo, e sem remédio, amanhã.

65 Gosto apurado. Há que cultivá-lo, tanto quanto o intelecto; a excelência do entender realça o apetite do desejar e depois a fruição do possuir. Conhece-se o tamanho das capacidades de alguém pela alteza de seus anseios. É preciso muita substância para satisfazer um grande talento; assim como os grandes bocados são para grandes paladares, as matérias sublimes são para personalidades sublimes. Os mais valentes temem o homem de bom gosto, os mais seguros de si perdem a autoconfiança diante dele. Como as coisas de primeira magnitude são raras, o apreço que se dá a elas há de ser seletivo. O gosto se adquire com o convívio e se herda com o tempo: é uma sorte estar próximo de quem o tem em grau máximo. Mas não há que manifestar desagrado diante tudo, uma das maiores tolices que pode haver, sobretudo quando é mais por afetação que por impulso. Alguns gostariam que Deus tivesse criado outro mundo e outras perfeições, só para satisfazer sua extravagante fantasia.

66 Garantir que as coisas saiam bem. Alguns dão mais valor à escolha do caminho que à alegria de atingir o objetivo, mas o descrédito pelo fracasso sempre pesa mais que o crédito pelo esforço. Quem vence não precisa dar satisfações. A maioria das pessoas não presta atenção às circunstâncias, só aos bons ou maus resultados; por isso quando se atinge o objetivo nunca se perde a reputação. Um final feliz faz tudo brilhar como ouro, mesmo que os meios tenham sido errados. Pois é uma arte quebrar as regras da arte quando não há outra forma de garantir que as coisas saiam bem.

67   **Preferir as ocupações bem-vistas.** A maioria das coisas depende da satisfação alheia. O apreço dos outros é como uma brisa suave sobre as flores: traz alento e vida. Há ocupações que recebem aclamação universal, e há outras, embora mais relevantes, quase ignoradas; aquelas, por serem realizadas à vista de todos, captam o beneplácito geral; estas, embora tenham mais de especial e de primoroso, permanecem no segredo de sua invisibilidade, veneradas, mas não aplaudidas. Entre os príncipes, são celebrados os vitoriosos, e por isso os reis de Aragão foram tão aplaudidos como guerreiros, conquistadores e magnânimos. Um grande homem há de preferir as ocupações célebres, que todos possam ver e partilhar, e assim ficará imortalizado pela aprovação geral.

68   **Fazer entender.** Fazer os outros entenderem tem mais valor e importância que puxar por sua memória. Às vezes há que lembrar algo, outras vezes, sugerir. Alguns não fazem certas coisas ao seu alcance porque não lhes vem à cabeça; uma indicação amigável ajuda, então, a pensar. Uma das maiores aptidões da mente é saber distinguir o que mais importa. Sem isso se perdem muitos acertos; quem possui essa luz deve dá-la, e quem dela é carente, pedi-la; os primeiros com atenção, os segundos com cuidado. Tal sutileza é necessária quando resulta em benefício para quem é despertado. Convém demonstrar satisfação, e insistir quando não for bastante; já se tem um *não*, há que usar habilidade em busca do *sim*, pois na maior parte das vezes não se consegue as coisas por não tentar.

69 **Não se render a um impulso vulgar.** Grande homem é aquele que nunca se sujeita a impressões passageiras. É uma lição de prudência refletir sobre si mesmo; conhecer sua disposição real e antecipá-la, e também desviar-se para o outro extremo a fim de achar, entre o natural e o artificial, o fiel da balança. Para se corrigir, há que conhecer-se bem, pois existem monstros de impertinência: estão sempre dominados por algum impulso e seus afetos variam com eles. Eternamente arrastados por essa intemperança, seus esforços são contraditórios; e esse excesso não só desgasta a vontade como também desafia o juízo, alterando o querer e o entender.

70 **Saber negar.** Nem tudo deve ser concedido, e nem a todos. Saber negar é tão importante quanto saber conceder, e é indispensável para aqueles que mandam. Aqui entra o modo: mais se valoriza o *não* de alguns que o *sim* de outros, porque um *não* pintado de ouro agrada mais que um *sim* a seco. Há muitos que têm sempre um *não* na ponta da língua, destemperando tudo. Para eles o *não* vem sempre primeiro e, ainda que depois venham a conceder tudo, não recuperam a estima alheia devido àquela primeira recusa. As coisas não devem ser negadas de chofre, pois a decepção tem que ser absorvida aos poucos; nem terminantemente, para não extinguir a dependência do outro. Há que deixar sempre alguns vestígios de esperança atenuando o sabor amargo da negativa. A gentileza preenche o vazio da negação, e as boas palavras suprem a falta de ações. O *não* e o *sim* são palavras breves de dizer, e dão muito o que pensar.

71 **Não ser desigual, não agir com incoerência.** Nem por natureza, nem por afetação. O homem ponderado é sempre o mesmo em tudo o que se refere à perfeição, que é sinal de sabedoria. Só muda quando mudam as causas e os méritos. Em termos de sensatez, a variedade é feia. Há homens que todo dia parecem ser outros: se até sua compreensão varia, o que dizer da vontade e do comportamento? O que ontem era o branco do seu *sim* hoje é o negro do seu *não*, prejudicando sempre sua própria credibilidade e confundindo a mente dos outros.

72

Homem de resolução. A má execução faz menos danos que a irresolução. A matéria se desgasta mais imóvel que em movimento. Há homens que são indecisos e precisam da influência alheia em tudo; isto às vezes não de deve tanto à perplexidade do seu pensamento, pois o têm perspicaz, mas à ineficácia. Apontar as dificuldades costuma ser algo engenhoso, porém mais engenhoso é achar a saída para os problemas. Há outros que nunca se embaraçam, pois têm uma mente ampla e determinada; nasceram para cargos elevados, porque sua compreensão sem travas facilita o acerto e a execução; tudo eles resolvem, e depois de consertar o mundo ainda lhes sobra tempo para consertar o outro; e quando estão seguros do sucesso, esforçam-se com mais empenho.

73

Saber escapulir. É como os homens de bom juízo se livram de embaraços. Com um gracejo donairoso costumam sair dos mais intrincados labirintos. Tiram o corpo airosamente, com um sorriso, da contenda mais difícil. Daí surge a coragem do maior dos capitães. Um ardil civilizado para negar alguma coisa é alterar o sentido das palavras; fazer-se de desentendido, o maior deles.

74

Não ser intratável. Onde há gente reunida é que se encontram as verdadeiras feras. Ser inacessível é um erro daqueles que não se conhecem, que mudam de humor com cada favor. Não é um bom jeito de conquistar afeto começar irritando os outros; só vendo um desses monstros intratáveis, sempre a ponto de soltar a sua ferocidade impertinente! Os subalternos vão falar com ele, para sua desdita, como se tivessem que se aproximar de um tigre, sempre armados de tino e desconfiança. Essas pessoas agradam a todos para subir na vida, e chegando ao topo querem se desforrar aborrecendo a todos. Deveriam ser estimadas por muitos pelo seu cargo, mas não o são devido à sua aspereza ou sua arrogância. Bom castigo é ignorá-las, mostrando, no convívio, sua insensatez.

75

Escolher um modelo glorioso. Mais para estimular que para imitar. Há muitos casos de grandeza, de homens com reputações magníficas. Há que escolher para modelo dentre os melhores em sua atividade, não tanto para seguir mas para superar. Quando Alexandre chorou na sepultura de Aquiles, não foi pelo morto, mas por si mesmo, que ainda não havia nascido para a glória. Não há nada que desperte tanta ambição na alma quanto o clarim da fama alheia: o que sufoca a inveja, anima a generosidade.

76

Não estar sempre brincando. Pode-se conhecer a compostura de cada um pela sua seriedade, que tem mais crédito que a inteligência. Quem está sempre brincando não é homem cabal. Tanto como os mentirosos, não se pode acreditar neles: nos primeiros, por receio de mentira; nos segundos, de gozação. Nunca se sabe quando falam a sério, o que é o mesmo que nunca falar a sério. Não há pior afronta que a piada sempre pronta. Outros ganham fama de engraçados quando perdem a de sérios. O riso tem que ter a sua hora: todas as outras são do siso.

77

Saber adaptar-se a todos. Sensato Proteu: é culto com o culto, santo com o santo. É uma grande habilidade conquistar a todos, pois a semelhança sempre atrai a benevolência. Observar os temperamentos das pessoas e adequar-se ao de cada uma. Tanto com o sério quanto com o jovial, siga o estilo de cada um, passando por uma oportuna transformação, necessária para os que deles dependem. Isto requer grande sutileza e experiência de vida; é menos difícil para o homem universal, de engenho em saberes e de gênio em gostos.

78

A arte de tatear. A tolice sempre chega de roldão, pois todos os tolos são audazes. Sua mente simplória, que os impede de perceber os problemas, é a mesma que depois não admite a sensação de fracasso. Mas o bom senso entra com muito tato: seus batedores são o escrutínio e a cautela, que vão abrindo o caminho para avançar sem perigo. A prudência condena qualquer arrojo ao fracasso, embora às vezes a sorte o absolva. Convém ir devagar onde se temem águas profundas. Que a sagacidade vá tateando o caminho e a prudência, pisando terra firme. Hoje são grandes os altibaixos no trato humano; convém ir sempre lançando a sonda.

79

Espírito espirituoso. Sendo com moderação, é uma virtude e não um defeito. Um toque de graça é sempre um bom tempero. Os homens insignes também jogam o jogo do humor, e conquistam assim o favor de todos; mas sempre mantendo a sensatez e salvando o decoro. Outros lançam mão do gracejo para sair de um embaraço, pois sempre há coisas que se devem levar na gozação, às vezes as mesmas que outros encaram mais a sério. Indica um espírito doce, chamariz para os corações.

80   **Atenção com a informação.** Nós vivemos sobretudo de informação. O que vemos é pouca coisa; vivemos mais da fé na palavra alheia. O ouvido é a porta traseira da verdade, e a principal da mentira. A verdade normalmente se vê, ocasionalmente se ouve; poucas vezes ela chega em seu estado puro, muito menos quando vem de longe; sempre traz alguma mistura dos afetos por onde passa. A paixão tinge com suas cores tudo o que toca, seja ela odiosa, seja favorável. E tende sempre a impressionar: muito cuidado então com quem elogia, e mais ainda com quem critica. É preciso ter toda a atenção neste ponto para descobrir a intenção do interlocutor, conhecendo seus passos de antemão. Na informação, o pensamento deve saber discernir o falso e o faltoso.

81   **Saber renovar o próprio brilho.** É um privilégio da ave fênix. A excelência costuma envelhecer, e junto com ela a fama. O costume reduz a admiração, e uma novidade medíocre pode vencer um talento maior, porém já envelhecido. É preciso, então, renovar-se em coragem, em inteligência, em alegria, em tudo: embarcar em novidades extraordinárias, amanhecendo tantas vezes como o sol e variando o roteiro, para que a privação ou a novidade incitem aqui o aplauso, acolá o desejo.

82   **Nem oito nem oitenta.** Um sábio reduziu toda a sabedoria à moderação em tudo. O que é reto demais termina torto, e a laranja muito espremida acaba em amargor. Mesmo no prazer nunca se deve chegar aos extremos. A própria inteligência se esgota se for exigida em excesso, e quem tosquia com brutalidade extrai sangue em vez de leite.

83 **Permitir-se um pequeno deslize.** Às vezes um descuido pode ser a maior recomendação dos dotes de alguém. A inveja tem suas formas de perseguição, tanto de forma lícita quanto criminosa. Acusa o homem mais perfeito de pecar por nunca pecar, e como é perfeito em tudo, condena tudo. Sai em campanha buscando falhas no que é bom, para ter ao menos algum consolo. A acusação, como o raio, sempre atinge os pontos mais elevados. Que Homero então cochile às vezes e finja algum deslize na inteligência ou na coragem, mas nunca na prudência, para acalmar a malevolência e não deixar que ela destile o seu veneno. É como mostrar a capa ao touro da inveja para salvar a imortalidade.

84 **Saber usar os inimigos.** Todas as coisas têm que ser empunhadas, não pela lâmina, para não se ferir, mas pelo cabo, para se defender; principalmente em disputas. O homem sábio tira mais proveito dos inimigos que o tolo de seus amigos. A malevolência pode superar montanhas de dificuldades que a benevolência não se atreve a desafiar. Os maledicentes fabricaram a grandeza de muita gente. A lisonja é mais ferina que o ódio, pois este aponta com eficiência as máculas que aquela disfarça. O homem sensato usa a raiva como espelho, mais fiel que o da afeição, e aproveita para reduzir seus defeitos, ou corrigi-los; pois há de ser grande o recato quando se vive na fronteira com a rivalidade e a maledicência.

85 **Não querer ser o Ás do baralho.** O problema de todas as coisas excelentes é que seu uso excessivo vira abuso; pelo simples fato de serem cobiçadas por todos, acabam contrariando a todos. É uma grande infelicidade não ser dado a nada, e infelicidade não menor é querer ser dado a tudo; estes últimos acabam perdendo por muito ganharem, e depois são tão detestados quanto antes eram desejados. Há ases assim em todos os tipos de atividade, que, ao perderem sua consideração inicial de carta rara, chegam a ser desprezados e considerados vulgares. O único remédio para esses extremos é ficar num meio-termo: o excesso deve ser na perfeição; o comedimento, na sua ostentação. Quanto mais brilha uma tocha, mais se consome e menos dura. A escassez de aparições é premiada com aumento de apreço.

86

Prevenir a maledicência. O povo tem muitas cabeças e, assim, muitos olhos para a malícia e muitas línguas para a difamação. Acontece às vezes correr um boato maldoso que pode desacreditar algum nome e, se chega a tornar-se um apelido popular, acaba com a reputação. Normalmente nascem de alguma afronta evidente, ou de defeitos risíveis que são material plausível para os falatórios. E também há defeitos que os adversários pessoais espalham para a malícia geral; pois há bocas maledicentes que destroem mais rapidamente a boa fama com um chiste que com uma mentira descarada. É muito fácil adquirir uma péssima fama, porque o mal é verossímil e difícil de apagar. Portanto, o homem sensato há de afastar-se de tais reveses, respondendo à insolência vulgar com seu olhar atento, pois que é mais fácil prevenir que remediar.

87

Cultura e refinamento. O homem nasce bárbaro; escapa do animalesco cultivando-se. A cultura cria pessoas cabais, e quanto maior a cultura, mais cabais. Graças a ela a Grécia pôde chamar de bárbaro todo o resto do universo. A ignorância é algo muito tosco: nada cultiva mais que o saber. Contudo, mesmo a sabedoria é grosseira, se for rude. Não basta ser refinado só para entender, é preciso sê-lo também para querer e, mais ainda, ao conversar. Há homens naturalmente refinados, ilustres por dentro e por fora, em conceitos, palavras, nas vestes do corpo, que são como a casca, e nos dotes da alma, que são a fruta. Há outros, ao contrário, tão grosseiros que todas as suas coisas, e às vezes até seu valor, são maculadas por uma intolerável e bárbara sordidez.

88

Tratar do que é elevado, procurando nele o sublime. O grande homem não deve ter gestos pequenos. Não é preciso esmiuçar muito as coisas, muito menos as pouco agradáveis, porque, embora seja uma vantagem descobrir as coisas sem querer, não o é fazê-lo de propósito. Há que agir habitualmente com uma nobre impessoalidade, que integra as normas de gentileza. O poder, em grande parte, consiste em saber disfarçar. Feche os olhos para muitas questões entre familiares, entre amigos, e mais ainda entre inimigos. As coisas insignificantes são sempre maçantes; às vezes cansam. Ficar girando em torno de um desgosto é uma espécie de mania; e geralmente é esse o comportamento de todos, dependendo do seu coração e da sua capacidade.

89

Compreensão de si. Do seu caráter, inteligência, preceitos, afetos. Não pode ser senhor de si quem antes não se compreende bem. Há espelhos para o rosto, mas não para a alma; uma autorreflexão sensata há de ser esse espelho. Quando parar de pensar na sua imagem externa, volte-se para a interna a fim de corrigi-la e melhorá-la. Conheça a força do seu bom senso e da sua habilidade para fazer as coisas; avalie a sua disposição para dedicar-se. Meça as próprias profundezas e pese os seus recursos para tudo.

90 · Arte para viver muito: viver bem. Duas coisas acabam depressa com a vida: a estupidez e a maldade. Alguns a perdem por não saber preservá-la, outros por não querer. Assim como a virtude é o prêmio de si mesma, também o vício é o castigo de si mesmo. Quem vive entregue ao vício acaba duas vezes mais rápido; quem vive entregue à virtude, nunca morre. A integridade do espírito contagia o corpo e proporciona uma vida não só intensa, mas também extensa.

91 · Agir sempre com escrúpulos contra a imprudência. A desconfiança de estarmos errados já é uma evidência para quem observa, ainda mais se for um adversário. Mesmo se o bom senso vacilar no calor da paixão, mais tarde, desapaixonado, condenará a tolice cometida. É perigoso agir estando em dúvida quanto à prudência do que se vai fazer; é mais seguro omitir-se. A sensatez não convive com probabilidades; anda sempre sob a luz cintilante da razão. Como pode dar certo uma iniciativa que já nasce condenada pela desconfiança? E se até uma resolução tomada sem qualquer conflito interno pode ser infeliz, o que esperar daquela que começou titubeando e já agourada pela razão e o bom senso?

92 · Mente elevada em tudo. É a primeira e suprema regra do agir e do falar; tanto mais importante quanto maiores e mais altos os cargos: um grão de bom senso vale mais que arrobas de esperteza. Assim se caminha de forma segura, mas nem sempre aplaudida, embora a fama de sensato seja o grande trunfo da boa reputação. Basta então agradar os sensatos, cuja opinião é a pedra de toque dos acertos.

93   **Homem universal.** Sendo composto de muitas perfeições, esse homem vale por muitos. Tem muita alegria no viver, transmitindo essa fruição aos próximos. A variedade de perfeições torna a vida mais divertida. É uma grande arte saber desfrutar tudo o que é bom, e como a natureza fez do homem um compêndio de todas as excelências naturais, a cultura deve fazer dele universal, pelo exercício e o cultivo do bom gosto e da compreensão.

94   **Potencial insondável.** O homem prudente não deve deixar que sondem a fundo seu saber nem seu valor, se quiser que todos o admirem. Pode permitir o conhecimento, mas não a compreensão. Ninguém há de conhecer os limites de sua capacidade, pelo perigo evidente de sofrer uma decepção. Nunca dê oportunidade a ninguém de captar tudo: uma opinião, e até uma dúvida, sobre o potencial de cada um provoca mais admiração que sua evidência, por maior que seja esta.

95   **Saber manter a expectativa.** É preciso alimentá-la sempre. Prometa muito, e a melhor ação há de ser acenar com outras maiores. Não mostre tudo no primeiro lance; uma grande astúcia é saber moderar-se em força e em saber e ir aprimorando o desempenho.

96   **Do senso moral.** É o trono da razão, base da prudência, com ele é difícil errar. É uma dádiva do céu, a mais desejada, por ser primeira e melhor. Trata-se da peça mais importante da nossa armadura, e tão necessária é que nenhuma outra, faltando a um homem, permitiria dizer que ele é incompleto. O que mais se nota é sua ausência. Todos os atos da vida dependem de sua influência, e todos passam por seu crivo, pois tudo há de ser feito com juízo. Consiste numa propensão natural àquilo que mais se conforma à razão, abraçando sempre o que for mais acertado.

97 **Conquistar e conservar a reputação.** É o usufruto da fama. Não é fácil, pois ela nasce da excelência, que é tão rara quanto a mediocridade é comum. Depois de conquistada a reputação, não é difícil conservá-la: obriga os outros a muito e rende ainda mais. É uma espécie de majestade quando se torna admiração, tão elevados são sua origem e seu âmbito; mas uma reputação sólida é o que sempre conta.

98 **Camuflar a própria vontade.** As paixões são o postigo da alma: o mais prático saber é saber disfarçar. Quem joga com o jogo aberto corre o risco de perder sempre. A austeridade do homem reservado se antepõe à curiosidade do indiscreto; frente aos linces da palavra, camaleões do recato. Não permita que conheçam a sua vontade para que ela não seja previsível pelos outros: alguns para criticar, outros para lisonjear.

99 **Realidade e aparência.** As coisas não são vistas pelo que são, mas pelo que parecem. São raros aqueles que olham tudo por dentro, e muitos os que se satisfazem com as aparências. Não adianta ter razão fazendo cara de malícia.

100   **Homem experiente: um cristão sábio, filósofo e refinado.** Mas sem parecer nada disso, nem muito menos fazer alarde. A filosofia está desacreditada, mesmo sendo o exercício maior dos sábios. É sempre questionada a sabedoria do bom senso. Ela foi introduzida em Roma por Sêneca e por algum tempo adotada nas altas rodas; hoje é considerada fora de lugar. Mas a experiência de vida sempre foi o alimento da prudência, uma das delícias da integridade.

101   **A metade do mundo está rindo da outra metade, e todos são uns tolos.** Ou tudo é bom, ou tudo é mau, dependendo do ponto de vista de cada um. O que alguns seguem, outros perseguem. O tolo mais desagradável é aquele que quer regular tudo segundo os seus próprios critérios. As perfeições não dependem do gosto de uma pessoa só: os gostos são tantos, e tão variados, quantos os rostos. Não há defeito que não tenha algo afeito, nem se deve perder a confiança quando as coisas não agradam a alguns, pois não faltarão outros que as apreciem. E o aplauso destes tampouco há de ser motivo de bazófia, pois outros irão vaiar. A norma da verdadeira satisfação é a aprovação de homens bem reputados, que têm algo a dizer nessa ordem de coisas. Não se vive só de uma opinião, um costume, uma época.

102   **Estômago para engolir grandes doses de sorte.** É importante haver um grande bucho no corpo da sabedoria, pois as coisas grandes são compostas por partes grandes. Não se embaraça com a boa sorte quem merece outras maiores; o que é indigestão para alguns é fome para outros. Há gente que passa mal com um excelente manjar porque sua natureza limitada não lhe permite desfrutá-lo: não estão acostumados, nem nasceram para coisas tão sublimes. No convívio, a gabolice estimulada por essas honras imerecidas acaba deixando-os zonzos: correm grande perigo nos lugares altos. Ficam tão cheios de si que acabam vazios de sorte. Portanto, o grande homem há de mostrar que tem espaço para coisas ainda maiores, e evitar com especial cuidado qualquer indício de um coração estreito.

103

A cada qual, a majestade que lhe cabe. Todas as ações devem ser, senão de um rei, dignas de tal, cada qual em sua esfera; o modo de proceder de um rei, dentro dos limites de sua própria sorte, é atuar com grandiosidade e pensar com elevação. E em todas as coisas deve-se agir como um rei pelos méritos, quando não pelos fatos, pois a verdadeira realeza consiste na integridade cotidiana: aquele que pode ser referência para a grandeza não tem por que invejá-la. Especialmente os que estão próximos ao trono hão de absorver algo da verdadeira superioridade, participando mais dos valores da majestade que das cerimônias da vaidade, sem manifestar uma tosca presunção, mas realçando os aspectos relevantes.

104

Conhecer bem os ofícios. Que são variados: exigem conhecimentos amplos e perspicácia. Alguns requerem coragem, outros, esperteza. São mais fáceis de exercer os que dependem da honestidade, e mais difíceis os que dependem da astúcia. Quem tem uma natureza boa não precisa de mais nada para exercer os primeiros; para os outros, não bastam toda a atenção e todo o esforço do mundo. Coordenar homens é uma ocupação trabalhosa, principalmente os loucos e os estúpidos. É preciso ter o dobro de juízo para lidar com quem não o tem. Trabalho intolerável é aquele que exige tudo de um homem, com horas contadas e serviço rotineiro. Melhores são os ofícios livres de tédio, que unem variedade e seriedade, porque a alternância recupera o prazer. Os mais aceitáveis são aqueles que proporcionam mais independência; e os piores são aqueles que, no fim, abalam a condição humana e, pior, a divina.

105 **Não cansar.** Costuma ser maçante o homem de uma só atividade e um só assunto. A brevidade é mais agradável e mais prática. Ganha-se em cortesia o que se perde em concisão. O que é bom, quando breve, é duas vezes bom. E mesmo o que é ruim, quando pouco, é menos ruim. No debate, a quintessência do argumento é mais produtiva que uma longa arenga; e todos sabem que o homem prolixo raramente é entendido, não tanto no material que expõe quanto na forma de seu discurso. Há pessoas cuja fala é mais um estorvo que um fulgor do universo, joias perdidas que ninguém quer encontrar. O homem de bom senso não há de estorvar ninguém, muito menos os grandes personagens, que estão sempre muito ocupados, e é pior desagradar um deles que todo o resto do mundo. O que se diz bem se diz logo.

106 **Não alardear sua sina.** É mais ofensivo se vangloriar de uma alta posição que de si mesmo. Posar de grande homem é odioso, bastaria saber que é invejado. Quanto mais se busca a aprovação, menos se consegue; ela depende do respeito alheio, e, assim, não pode ser tomada à força, há de ser merecida e aguardada. Os grandes cargos exigem uma autoridade à altura, sem a qual não podem ser exercidos com dignidade. Conserve a autoridade necessária para cumprir o essencial de suas obrigações: use-a, mas não abuse. Todos os que mostram empáfia no cargo revelam que não o mereciam, pois a dignidade se sobrepõe a tudo. Quem quiser mostrar valor, que seja antes pela excelência de seus dons que por algo fortuito, pois até um rei deve ser mais venerado por sua pessoa que pela soberania que lhe foi conferida por outrem.

107 **Não se demonstrar satisfeito com a vida.** Não se há de estar sempre descontente, que é sinal de pequenez, nem permanentemente satisfeito, que é de tolice. A autossatisfação geralmente nasce da ignorância, e vai dar numa felicidade tola que, embora seja agradável, não sustenta a reputação. Quem não percebe as perfeições superlativas dos outros aceita qualquer mediocridade vulgar em si mesmo. A desconfiança sempre foi útil, além de prudente: ou para prevenir de que as coisas saiam bem, ou para consolar quando saírem mal, pois as guinadas da sorte não pegam desprevenido quem já as temia. O próprio Homero às vezes cochila, e Alexandre cai do seu estado e do seu engano. As coisas dependem muito das circunstâncias, e algo que triunfa em determinado lugar e determinado momento fracassa em outros; mas o erro fatal do tolo é transformar a satisfação mais vazia em flor, deixando suas sementes brotarem.

108 **Atalho para ser um homem cabal: saber escolher a companhia.** A convivência produz muitos efeitos. Nela os costumes e os gostos se comunicam: o gênio de cada um, e também o engenho, transmitem-se insensivelmente. Por isso, quem é inquieto há de procurar juntar-se com o comedido, e assim por diante, obtendo deste modo a moderação sem violência: é uma grande habilidade saber moderar-se. A alternância entre os contrários embeleza o universo e o sustenta; ao mesmo tempo em que confere equilíbrio à natureza, dá ainda mais harmonia ao que é humano. Siga esta advertência prudente na escolha de amigos e de funcionários, pois o contato entre os extremos há de chegar a um meio-termo sensato.

109 **Não ser acusador.** Há homens de caráter ferino: fazem de tudo um delito, e não por paixão, mas por sua própria natureza. Condenam a todos, alguns pelo que fizeram, outros pelo que farão. Isto revela um espírito mais que cruel, até vil, porque acusam os outros com tal exagero que um cisco pode ser motivo para arrancar os olhos. Algozes em todos os momentos, transformam em martírio o que poderia ser um paraíso; quando tomados pela paixão, chegam a extremos em tudo. A ingenuidade, pelo contrário, encontra desculpas para tudo, alegando boa intenção ou inadvertência.

110 **Não esperar o sol se pôr.** O homem cauteloso há de abandonar as coisas antes que elas o abandonem. É preciso saber converter o próprio ocaso em triunfo, pois às vezes até mesmo o sol, ainda brilhando, esconde-se atrás de uma nuvem para que não o vejamos cair, e nos deixa sem saber se já se pôs ou não. Fuja dos ocasos para não afrontar vexames; não espere que lhe virem as costas, que é como ser sepultado vivo para o sentimento e morto para o respeito. O homem prevenido dispensa o cavalo a tempo, sem esperar que este, caindo, provoque risadas em meio à corrida. A beleza tem que quebrar o espelho na hora certa e com astúcia, não com impaciência, mais tarde, ao se ver decepcionada.

111 **Ter amigos.** O amigo é um segundo eu. Todo amigo é bom e sábio para os seus amigos. Entre eles tudo vai bem. Cada qual tem o valor que os outros lhe dão, e para que o deem é preciso conquistar suas palavras através do coração. Nada encanta tanto as pessoas como os bons favores, e o melhor meio para ter amizades é conquistá-las. Dos outros depende o que possuímos de mais e de melhor. Temos que viver entre amigos ou entre inimigos: há que conseguir um amigo todos os dias, ainda que não íntimo; depois alguns, se a escolha for acertada, passam a ser confidentes.

112 **Conquistar simpatias.** Mesmo a primeira e suprema causa, nos seus pontos mais relevantes, prevê e dispõe isto. Pelo afeto se conquista a benevolência. Alguns confiam tanto no próprio valor que desdenham esse esforço; mas o homem atento sabe perfeitamente que o caminho é mais difícil quando só há méritos, e estes não são ajudados pelo favor alheio. Tudo é facilitado e suprido pela simpatia; que dispõe, e não supõe, as qualidades, como coragem, integridade, sabedoria, e até discrição. Ela nunca vê as coisas feias, porque não lhe agrada vê-las, e normalmente nasce de coincidências em termos de temperamento, origem, parentesco, pátria e emprego. A mais sublime de todas, em termos de atributos, obrigações, reputação e méritos, é a afinidade espiritual. A maior dificuldade é conquistar as boas graças dos outros, pois conservá-las é fácil. Há que fazer esse esforço, e saber usá-las.

113 **Na temporada de sorte, prevenir-se para a oposta.** É de bom alvitre, e bem mais fácil, fazer no verão a provisão para o inverno; estão baratos os favores, há abundância de amizades. Convém poupar para o mau tempo, quando a adversidade fica cara e falta tudo. Conserve por perto os amigos e gente agradecida, e até aquele que algum dia há de valorizar o que hoje desdenha. A mesquinharia nunca tem amigos: na prosperidade, porque os desconhece; na adversidade, porque são eles que a desconhecem.

114 **Nunca competir.** Todo conflito prejudica a reputação; os adversários sempre procuram nos desmerecer e desacreditar. São poucos os que agem corretamente no conflito, pois a rivalidade revela os defeitos que a cortesia esqueceu. Muitos gozam de boa reputação enquanto não têm adversários. O calor da disputa aviva ou ressuscita infâmias mortas, desenterra vilezas passadas

e antepassadas. A hostilidade começa com a exposição dos defeitos alheios, lançando mão de tudo o que se pode e não se deve; e embora às vezes, em sua maioria, as ofensas não sejam armas de proveito, proporcionam uma satisfação mesquinha para a vingança, e esta sacode a poeira do esquecimento com tanta força que reapresenta os defeitos. A benevolência sempre foi pacífica e a reputação, benévola.

115 **Adaptar-se às imperfeições dos próximos.** Não se incomodar com caras feias: a conveniência deve se sobrepor à dependência. Há temperamentos fortes com os quais não se pode conviver, nem viver sem eles. É, pois, de grande habilidade ir se acostumando, assim como com a feiura, para não se ver mais de uma vez em situações terríveis. Na primeira, parece assustador; mas pouco a pouco se perde o susto inicial, e o pensamento previne os desgostos ou os tolera.

116 **Sempre lidar com gente de princípios.** Com estes é factível comprometer-se e aceitar seus compromissos. Seus próprios princípios são a maior garantia de que vão agir corretamente, mesmo na discordância, pois se comportam como o que são, e é melhor enfrentar gente de bem que triunfar sobre gente do mal. Não existe bom relacionamento com a maldade, que não tem obrigação com a integridade; por isso, entre os maus nunca existe amizade verdadeira, por mais que pareça, nem é verossímil a gentileza, pois não nascem da honra. Rejeite sempre o homem que não a tem, pois quem não a estima não estima a virtude, e a honra é o trono da integridade.

117 Nunca falar de si mesmo. Nem para se vangloriar, o que é vaidade, nem para se menoscabar, o que é pequeneza; sendo insensatez de quem fala, é castigo para quem ouve. Se isso há de se evitar entre os íntimos, muito mais nos cargos elevados, onde se fala em público, e passa por tolice tudo o que parece ser tolice. A mesma falta de tino é falar dos presentes, pois se corre o perigo de bater em um dos dois escolhos: a lisonja ou o vitupério.

118 Adquirir fama de cortês, o que basta para ser bem acolhido. A cortesia é a principal parte da cultura, uma espécie de feitiço que conquista a graça de todos, assim como a descortesia granjeia o desprezo e o ressentimento gerais. Se esta última nasce da soberba, é abominável; se da grosseria, é desprezível. A cortesia nunca é excessiva, mas não deve ser igual para todos, pois seria uma injustiça. Ela é um dever para com os inimigos, para que se veja que são oponentes de valor. Custa pouco e vale muito: quem respeita é sempre respeitado. A gentileza e a honra têm a vantagem de permanecer: aquela, em quem a usa; esta, em quem a recebe.

119 Não ser malquisto. Nunca se deve provocar a aversão alheia, pois esta surge mesmo quando não queremos. Muita gente se aborrece em vão, sem saber como nem por quê. A malevolência costuma anteceder o respeito. A irascibilidade é mais eficaz e apta para fazer dano que a empatia para trazer benefício. Alguns pretendem malquistar-se com todo mundo, seja por mau gênio, seja por má situação. E quando o ódio se apodera de alguém, tanto quanto a má fama, é difícil apagar. Os homens judiciosos são temidos, os maledicentes, detestados, os arrogantes, repugnados, os intrometidos, abominados, os invulgares, deixados de lado. Demonstre, então saber estimar para ser estimado, pois uma mão lava a outra.

120 **Viver de forma prática.** Até o saber tem que ser afim ao uso da época, caso contrário é preciso fingir ser ignorante. O falar e o gostar mudam com o tempo. Não há que pensar à antiga, e se deve gostar do moderno. O gosto mais em voga é a última palavra em qualquer ordem de coisas. É o que deve ser seguido, então, e aperfeiçoado até chegar à excelência: o homem sensato há de se acomodar ao presente, ainda que o passado lhe pareça melhor, tanto nos apetrechos da alma quanto nos do corpo. Só em relação ao bem essa regra de vida não vale, pois sempre se há de praticar a virtude. Atualmente se desconhece, ou parece coisa de outros tempos, o hábito de dizer a verdade, manter a palavra. Os homens bons parecem feitos à maneira dos bons tempos, mas ainda são amados; de todo modo, se ainda existem alguns, não são ouvidos nem imitados. Ah, que grande infelicidade deste nosso século considerar a virtude uma coisa estranha e a malícia, algo comum! O homem de bom senso há de viver como pode, se não pode viver como gostaria. Dá mais valor ao que a sorte lhe concedeu do que àquilo que ela negou.

121 **Não levar em conta aquilo que não conta.** Assim como há alguns que desestimam tudo, há outros que superestimam. Sempre dão grande importância às coisas, levam tudo a sério, transformam tudo em controvérsia e mistério. Poucas coisas desagradáveis devem ser levadas a sério, pois seria preocupar-se à toa. Tomar a peito as coisas que deveriam ser deixadas para trás é um erro. Muitas coisas que significavam algo, quando ignoradas, tornam-se nada; e outras que não eram nada, ao dar-lhes atenção, tornam-se muito. No seu princípio é fácil acabar com os problemas, depois não. Muitas vezes o próprio remédio cria a doença. E deixar estar não é a pior regra do bem viver.

122 **Cavalheirismo no dizer e no fazer.** Abre o caminho em todos os lugares e conquista o respeito de antemão. Influencia tudo: o conversar, o orar, até a forma de andar; e mesmo o olhar e o querer. Cativar o coração das pessoas é uma grande vitória. Não nasce de uma audácia boba, nem de um divertimento enfadonho; é um caráter superior que exerce, por seus próprios méritos, uma correta autoridade sobre os outros.

123 **Homem sem presunção.** Quanto mais qualidades, menos ostentação, que costuma ser um desdouro comum a todas elas. É tão enfadonha para os outros quanto penosa para quem a pratica, que vive martirizado pelos cuidados a tomar e atormentado pela exatidão. Com a presunção, até as qualidades perdem seus méritos, pois passam a ser consideradas frutos de uma violência artificiosa mais que da espontaneidade natural, e tudo o que é natural sempre foi melhor que o artificial. Muitos creem que as pessoas presunçosas são alheias àquilo que presumem; quanto melhor se faz uma coisa mais há que esconder os artifícios utilizados, para que se veja como é natural aquela perfeição. Tampouco se deve, para escapar à presunção, cair nela, presumindo nada presumir. O homem sábio nunca deve mostrar-se conhecedor dos próprios méritos, pois o menor deslize chama a atenção dos outros. É duplamente superior quem guarda suas perfeições para si mesmo, não quer impressionar ninguém; e, encontrando esse caminho, obtém o reconhecimento geral.

124 **Saber como ser querido.** Poucos conseguem uma ampla consideração das pessoas; e é uma felicidade quando se trata dos sábios. Em relação aos que estão em declínio é comum essa consideração esfriar. Há formas de merecer tal prêmio de confiança: a excelência no trabalho e nos dotes é um meio seguro; e o agrado, nesse caso, eficaz. Há que fazer os outros dependerem disso, de modo que se veja que o trabalho precisou de você, e não você do trabalho: alguns honram seus ofícios, outros são honrados por eles. Não há qualquer vantagem em ser considerado bom só porque seu sucessor é ruim, pois isso não significa em absoluto ser querido: o outro é que é detestado.

125 **Não ser um catálogo de erros alheios.** Sinal de ter arruinado a própria fama é cuidar da infâmia alheia. Com as nódoas dos outros, alguns pretendem dissimular, senão lavar, as próprias; ou então se consolam com elas, um consolo de tolo. Cheira mal a boca dessas pessoas, pois que são a cloaca das imundícies da cidade. Nesses assuntos, quem cava mais fundo se enlameia mais; poucos escapam de ter algum defeito original, seja este ou aquele. Nunca são conhecidos os erros de quem é pouco conhecido. O homem prudente há de fugir de tornar-se um registro de infâmias, pois esse tipo de pessoa é sempre detestado e, embora tenha vida, não tem alma.

126 **Não é tolo quem faz tolices, mas aquele que, em fazendo, não sabe encobri-las.** Se é importante ocultar as qualidades, quanto mais os defeitos! Todos os homens erram, mas com uma diferença: os espertos desmentem os erros cometidos, os tolos mentem sobre os que vão cometer. A reputação consiste mais no recato que no ato, e quem não é casto que seja cauto. Os deslizes dos grandes homens são mais notados, como os eclipses dos astros maiores. Faça uma exceção na amizade não confiando seus defeitos aos amigos; nem, se possível, a si mesmo. Mas aqui pode valer aquela outra regra do viver, que é saber esquecer.

127 Desembaraço em tudo. É o que dá vida às qualidades, alento ao falar, alma ao fazer e distinção às próprias distinções. As demais perfeições são ornatos da natureza, mas o desembaraço é o ornato das perfeições: até no falar se percebe isto. O desembaraço se deve mais a um privilégio que ao estudo, pois é superior até à disciplina; ultrapassa a facilidade e chega quase ao atrevimento; supõe desenvoltura e aumenta a perfeição. Sem ele toda beleza é morta e toda graça, sem graça. Transcende o valor, a discrição, a prudência e a própria majestade. É um hábil atalho na conduta, um modo civilizado de superar os obstáculos.

128 Grandeza da alma. É um dos principais requisitos do homem superior, porque inspira todos os tipos de grandeza. Realça o gosto, amplia o coração, eleva o pensamento, enobrece a situação e predispõe a majestade. Onde quer que esteja, a grandeza da alma se destaca, e às vezes, quando é desmentida pela inveja do destino, luta para se afirmar. Cresce na vontade, ainda que em circunstâncias desfavoráveis. A magnanimidade, a generosidade e todos os dotes superiores a reconhecem como fonte.

129 Nunca se queixar. As queixas sempre trazem descrédito. Servem mais de estímulo para a paixão que de consolo para a compaixão. Para quem as ouve, abrem caminho para fazer o mesmo, e o conhecimento das aflições do primeiro funciona como desculpa para o segundo. Alguns, com suas queixas por agressões passadas, dão margem às vindouras e, clamando por remédio ou consolo, provocam pena e até mesmo desprezo. A melhor política é exaltar os favores de uns para estimular os de outros, pois relatar os favores dos ausentes é solicitá-los dos presentes, passando o mérito daqueles para estes. O homem cauteloso não divulga as afrontas nem defeitos, mas, sim, os afetos, que servem para ter amigos e conter os inimigos.

130 Fazer e fazer parecer. As coisas não são vistas pelo que são, mas pelo que parecem. Saber mostrar o próprio valor é duplicar esse valor: aquilo que não se vê é como se não existisse. Nem mesmo a razão é venerada quando não tem cara de razão. São muitos mais os iludidos que os precavidos: a ilusão costuma prevalecer, pois tudo é julgado pelo lado de fora. Há coisas que são outras, muito diferentes do que parecem ser. Um bom aspecto externo é a melhor apresentação da perfeição interior.

131 Gentileza no agir. As almas têm seu esplendor, que é o arrojo do espírito, e seus atos amáveis enobrecem o coração. A gentileza não está ao alcance de todos, pois supõe magnanimidade. Sua primeira providência é falar bem do inimigo, e agir ainda melhor. Ela brilha mais nas situações de vingança: não se furta à vingança, mas a melhora, transformando-a, em seu ponto mais alto, numa generosidade que surpreende. Também é política a gentileza, como polimento da razão de Estado. O homem sensato nunca canta vitórias, pois não alardeia nada, e quando estas se dão por merecimento, a modéstia as dissimula.

132 Pensar duas vezes. Rever as coisas é uma questão de segurança, sobretudo quando a satisfação não é evidente; não há que ter pressa, nem para atender a algo nem tampouco para melhorar a própria situação: sempre surgem novas razões para confirmar e corroborar tal decisão. Quando se trata de dar, tem mais valor o presente oferecido com equilíbrio que pelo gosto da rapidez; é sempre mais estimado aquilo que é desejado. Quando for o caso de negar, há que se pensar no modo de fazê-lo e deixar o *não* amadurecer, para que seja mais delicado. Na maior parte das vezes, a sangue frio, quando passa o primeiro calor do desejo, não se sente mais o revés de receber a negativa. A quem pede pressa, conceda-se vagar, que é um ardil para manter a atenção.

133 **Antes louco com todos que sensato sozinho.** Assim dizem os políticos. Pois se todos são loucos, ninguém perde; e se a sensatez for solitária, será vista como loucura. Portanto, é importante seguir a corrente: às vezes o maior saber é não saber, ou fingir não saber. É preciso viver com todos, e os ignorantes são a maioria. Para viver sozinho há que ter muito de Deus ou tudo de bicho; mas eu moderaria o aforismo dizendo: "Antes sensato com todos que louco sozinho". Alguns querem ser originais nas suas quimeras.

134 **Duplicar os requisitos para a vida.** É como duplicar o viver. Não se deve ter uma única dependência, nem se limitar a uma coisa só, ainda que especial. Tudo deve ser duplicado, principalmente as fontes do benefício, do favor, do gosto. A mutabilidade da lua é transcendente, desmentindo a permanência, e mais mutáveis ainda são as coisas que decorrem de vontade humana, que é quebradiça. Para se contrapor à fragilidade há que armazenar para depois; a grande regra da arte de viver é duplicar as circunstâncias do bem-estar e da comodidade; assim como a natureza duplicou os nossos membros mais importantes e mais sujeitos a risco, nossa iniciativa duplica aquilo de que dependemos.

135 **Não tenha espírito de contradição, que resulta em tolice e aborrecimentos.** Contra ele, empregue o bom senso. Pode até ser engenhoso dificultar tudo, mas ninguém deixa de ser bobo só por ser teimoso. Quem faz isso transforma em rixa uma conversa doce, e assim é mais inimigo dos amigos que daqueles com quem não convive. Até no bocado mais saboroso sente-se, mais do que o gosto, a espinha que o atravessa: eis a contradição dos bons momentos. Os que agem assim são tolos e perniciosos, reunindo em si a besta e a fera.

136 Situar-se bem nos problemas, tomar logo o pulso das questões. Muitos divagam pelas trilhas de uma argumentação inútil ou pelas vias de uma verbosidade cansativa, sem ir ao ponto substancial do caso; dão cem voltas em torno de um ponto, cansando-se e cansando os outros, e nunca chegam ao centro da questão. Isto decorre de entendimentos confusos, que não sabem deslindar as coisas. Desperdiçam tempo e paciência com assuntos que deveriam ser deixados de lado, e depois não têm nem uma coisa nem outra para os que foram deixados.

137 O homem sábio deve bastar-se a si mesmo. Ele próprio é todas as suas coisas, e as leva em si o tempo todo. Quem é amigo de todos pode conquistar Roma e o resto do universo; sendo amigo de si mesmo, poderá viver por própria conta. De quem irá sentir falta, se não há intelecto nem gosto maior que o seu? O sábio depende apenas de si mesmo, pois que a felicidade suprema é se assemelhar à entidade suprema. Aquele que é capaz de viver por conta própria nada tem de tosco, mas tem muito de sábio e tudo de Deus.

138 Arte de deixar passar. Sobretudo quando estão agitadas as águas do mar comum, ou do familiar. Muitas vezes há torvelinhos no convívio humano, tempestades do querer: nesses casos é prudente retirar-se para um porto seguro onde o mar dá pé. A doença muitas vezes piora com o remédio. Convém deixar a natureza agir em certos casos, e em outros, a moralidade. Um médico deve ser sábio, tanto para receitar quanto para não receitar, e às vezes a arte consiste mais em não dar remédios. A melhor maneira de superar as tempestades comuns é cruzar os braços e deixar as coisas se acalmarem; dar tempo ao tempo significa vencer depois. Um arroio em remanso fica turvo; não pode ser limpo adrede, só com o tempo.

Não há melhor remédio para os desacertos que os deixar passarem, pois assim caem no esquecimento.

139 **Conhecer o dia de azar, pois que os há.** Neles nada dá certo, porque ainda que se mude o jogo não se muda a sorte. Há que conhecê-la logo na segunda mão e, percebendo se o dia é ou não favorável, desistir caso não for boa. Até para o intelecto isso conta, pois ninguém sabe tudo o tempo todo. É uma bênção ter um discurso eficaz, assim como poder escrever bem uma carta. Toda perfeição depende da hora, pois a beleza nem sempre está em seu melhor momento. Até a discrição muitas vezes se desmente, ora cedendo, ora se excedendo: para dar certo, tudo tem que estar no dia certo. Assim como em certos momentos tudo corre mal, em outros tudo vai bem, e com menos esforço. As coisas saem com facilidade, o pensamento fica aguçado, o ânimo bem-disposto, e tudo tem boa estrela. Aproveite então esses momentos sem desperdiçar um instante. Mas o homem judicioso não deve fazer julgamentos definitivos, considerando algo mau ou, ao contrário, bom, apenas por uma casualidade que tenha visto, pois pode ter sido um azar ou um golpe de sorte.

140 **Descobrir logo o que é bom em cada coisa.** É o prêmio para o bom gosto. A abelha vai direto à doçura no seu favo, e a cobra busca o amargor para o veneno. Assim são os gostos, alguns procuram o melhor, outros, o pior. Não existe nada que não tenha algo de bom, principalmente se for um livro, que é caso pensado. Assim, é tão infeliz o caráter de alguns que, topando com um só defeito entre mil perfeições, imediatamente irão criticá-lo e aumentá-lo: são os coletores das sujeiras da vontade e do entendimento, vivem multiplicando as censuras e as críticas, o que é mais castigo por sua falta de discernimento que um bom uso de sua sensibilidade.

Vivem mal, pois prosperam com amarguras e se alimentam de imperfeições. Mais feliz é o gosto de outros que, entre mil defeitos, veem logo uma única perfeição que descobrem por acaso.

141

Não se escutar. Pouco adianta agradar a si mesmo sem contentar os demais, pois normalmente o desprezo geral castiga a autoindulgência. Quem vive cheio de si é vazio para todos. Querer falar muito e ouvir-se a si mesmo não cai bem; e, se é loucura falar sozinho, escutar-se na frente dos outros é o dobro de loucura. Alguns senhores têm mania falar com o bordão "entende?" e com aquele "sabe?" que agride os ouvidos alheios. Depois de cada afirmação, empinam as orelhas em busca de aprovações ou lisonjas, para conferir a sensatez. O pedante também fala com eco, e como sua conversa sempre enverga o manto da arrogância, depois de cada palavra querem o enfadonho socorro de um "falou bem!".

142

Nunca fazer a pior escolha por teimosia, só porque o adversário se adiantou e fez a melhor. É uma batalha perdida, e depois será preciso ceder já desacreditado. Nunca se vinga o bem com o mal. Se o adversário foi astuto e se antecipou escolhendo o melhor, é bobagem contrapor-se a ele com o pior. Os obstinados nas ações são mais insistentes que os que o são nas palavras, pois é mais arriscado fazer que dizer. A atitude normal do teimoso é não reparar na verdade só para contradizer, nem na utilidade só para confrontar. O homem cauto está sempre do lado da razão, não da paixão, prevenindo-se antes ou corrigindo-se depois: se o adversário é um tolo, por isso mesmo há de mudar de rumo e, só para contrariar, também de lado, mesmo que para o lado errado. Para livrar-se dele, a única solução é abraçar as suas palavras, pois a estupidez o fará deixá-lo e a teimosia será sua ruína.

143 **Não ser extravagante só para fugir do vulgar.** Os dois extremos levam ao descrédito. Tudo o que contradiz a seriedade faz parte da tolice. A extravagância é um erro a princípio aplaudido, pois provoca admiração por sua novidade e originalidade; mas depois, com o desengano provocado pela decepção, passa a ser vergonhosa. É uma espécie de embuste e, em matéria de política, ruína para os Estados. Os que não conseguem ou não se atrevem a alcançar a glória pelo caminho da virtude, escolhem o da excentricidade, causando admiração nos néscios e parecendo autênticos a muitos homens sensatos. Revelam, assim, seu desrespeito aos costumes, contrapondo-se à prudência e às vezes, se não se baseiam no que é falso, fundam-se pelo menos no que é incerto, com grande risco para o que é importante.

144 **Aceitar as razões dos outros para impor as próprias.** Um bom estratagema para conseguir as coisas; mesmo em questões religiosas, os mestres cristãos recomendam esta santa astúcia. É um tipo de dissimulação importante e útil, serve de isca para conquistar uma vontade: esta julga que seus interesses estão prevalecendo, mas isso, na verdade, é para abrir caminho para os alheios. Não se há de falar sem tino, muito menos em questões mais arriscadas. Também convém desmentir nossas intenções com pessoas cuja primeira palavra costuma ser *não*, para não explicitar essa dificuldade de conceder; e muito mais quando já se pressente uma aversão. Este aviso se dirige aos que agem com segunda intenção, todos na quinta essência da esperteza.

145 **Não expor o dedo machucado, pois que tudo há de bater ali.** Não se queixe dele, pois a maldade sempre busca o ponto fraco. Pouco adianta inflamar-se, só serve para inflamar a diversão alheia: a má intenção está sempre em busca de um defeito para atingir o outro; joga farpas para descobrir seu sentimento: faz mil tentativas até encontrar o ponto que está em carne viva. O homem prevenido nunca expõe nem revela seus males, pessoais ou herdados, pois até a sorte às vezes se deleita em ferir onde mais dói. Sempre mortifica o vivo; por isso não se há de expor o que nos mortifica, para que acabe, nem o que vivifica, para que dure.

146 **Olhar por dentro.** Normalmente as coisas são bem diferentes do que pareciam, e a ignorância, que não costuma ir além da casca, transforma-se em desengano quando penetra no interior. A mentira é sempre a primeira em tudo; arrasta os tolos atrás de si numa vulgaridade permanente. A verdade sempre chega por último, e tarde, coxeando atrás do tempo. Os homens sensatos lhe conferem a outra metade de suas capacidades, que a mãe natureza sabiamente duplicou. O engano é algo muito superficial, e aqueles que também o são rapidamente se deparam com ele. Já a verdade vive reclusa, em seu interior, para ser mais apreciada pelos sábios e pessoas de bom senso.

147 **Não ser inacessível.** Não há ninguém tão perfeito que não necessite por vezes de um conselho. Só uma pessoa irremediavelmente tola não os aceita. Mesmo o homem mais autônomo há de escutar os avisos dos amigos; e nem os poderosos devem se negar a fazê-lo com docilidade. Há homens tão inacessíveis que um dia rolam ladeira abaixo porque ninguém se atreve a chegar perto para segurá-los. Todos devem manter sempre uma porta aberta para a amizade, que será sua porta de emergência; e dar espaço a um amigo para que tenha a liberdade de avisá-lo e mesmo puni-lo. É a confiança em sua fidelidade e sua prudência que confere tal autoridade. Não é a todos que se deve conceder respeito e confiança, mas tenha sempre por perto, sem perder a cautela, o espelho fiel de um confidente cujas opiniões aprecie para corrigir seus erros.

148 **Dominar a arte de conversar.** É quando a pessoa se revela cabalmente. Nenhuma atividade humana requer mais atenção que esta, por ser a mais comum no viver. É com ela que se perde ou se ganha; pois, se é necessária a reflexão para escrever uma carta, que é uma conversa pensada e escrita, ainda mais necessária é na conversa comum, na qual a sensatez é logo posta à prova! É na língua que os especialistas tomam o pulso da alma, e por isso disse o sábio: "Fala, se queres que eu te conheça". Para alguns, a arte da conversação é não ter arte nenhuma e o falar deve ser descontraído como o vestir; isso entre amigos, entenda-se, mas quando há cerimônia, a conversa deve ser mais substancial para indicar a alta qualidade da pessoa. Para ser bem aceita, a conversa tem que se ajustar ao caráter e à inteligência dos que dela participam. Ninguém há de se arvorar censor de palavras, pois será tido por gramático; muito menos fiscal das razões, porque todos fugirão do seu convívio e cortarão o contato. O comedimento no falar importa mais que a eloquência.

149 **Saber fazer os males recaírem sobre outro.** Ter escudos contra a maldade é uma grande astúcia dos que governam. Isso não nasce da incapacidade, como pensam com malícia, mas de uma maquinação superior: fazer com que a censura pelos erros cometidos e o castigo da murmuração pública recaiam sobre outro. Nem tudo pode dar certo, nem se pode contentar a todos. Por isso há que se ter um testa de ferro, alvo fácil de infelicidades devido à sua própria ambição.

150 **Saber vender suas coisas.** Não basta a qualidade intrínseca que elas tenham, pois nem todos mordem o produto nem olham por dentro. A maioria das pessoas frequenta os lugares mais concorridos, e vão porque veem os outros irem. É uma grande habilidade saber mostrar o valor de algo, muitas vezes louvando-o, pois o elogio instiga desejos; outras vezes dando-lhe um bom nome, que é uma excelente forma de enaltecer, mas sempre evitando a afetação. Uma boa isca para todos é oferecer algo só para especialistas, porque todos assim se consideram e, quando não, desejam sê-lo. Nunca qualifique as coisas de fáceis ou de comuns, pois assim irá vulgarizá-las. Todos buscam a originalidade, por ser mais apetecível tanto para o gosto quanto para a inteligência.

151

Pensar com antecedência: prever o amanhã e muitos dias à frente. A maior previdência é ter tempo para prevenir; o homem precavido não conhece acasos, nem o prevenido, apertos. Não se há de esperar a hora do sufoco, a resposta tem que estar pronta de antemão: a reflexão madura há de prevenir o momento mais agudo. O travesseiro é uma profetiza muda, e dormir sobre as coisas claras vale mais que passar a noite em claro debaixo delas. Alguns agem e depois pensam: isso é como procurar desculpas em vez de consequências; já outros, não pensam antes nem depois. Em toda a vida há que pensar antes, para acertar o rumo; a reflexão e a previsão nos permitem viver com antecedência.

152

Não ande em companhia de quem possa ofuscar seu brilho, tanto por ter mais quanto por ter menos. Quem excede em perfeição excede em consideração geral: nesse caso o outro terá sempre o papel principal, deixando-o em segundo plano. Se ainda lhe couber algum apreço, serão as sobras daquele. A lua brilha quando está só entre as estrelas; mas quando sai o sol, não aparece ou desaparece. Nunca se aproxime de quem o eclipsa, só de quem o exalte, por isso a moça prudente da fábula de Marcial pôde parecer bonita e brilhar entre a feiura e o desmazelo de suas donzelas. Tampouco devemos correr o risco de ter estorvos ao nosso lado, nem de enaltecer os outros à custa da nossa própria reputação. Para subir, ande com os proeminentes; chegando ao alto, com os medíocres.

153 **Fuja de ocupar os espaços deixados por outros.** E, se o fizer, que seja com a certeza de que tem capacidade de sobra para isso. Para igualar o antecessor é preciso demonstrar o dobro de seu valor. Tanto como a astúcia de ser venerado pelo sucessor, há que ter também a sutileza de não ser eclipsado por quem já passou. É difícil preencher um grande espaço vazio, porque o passado sempre parece melhor; e não basta igualar-se ao anterior, porque este sempre leva vantagem. É, então, necessário incrementar as qualificações para superar a reputação de outro.

154 **Não querer nem crer em nada com muita facilidade.** A maturidade se reconhece na demora para acreditar em algo: como mentir é algo muito corriqueiro, acreditar deve ser extraordinário. Quem hesita um pouco se vê depois desacreditado; mas não há que revelar nossas dúvidas quanto à verdade alheia, pois elas passam de descortesia a injúria, pois tratam o outro como trapaceiro ou como trapaceado. E esse não é o maior inconveniente, e sim o fato de que a incredulidade é indício de mentira, pois que o mentiroso padece de dois males, não acredita e é desacreditado. A suspensão do juízo é prudente para quem ouve, e devemos dar crédito ao autor que diz: "Também é uma espécie de imprudência a facilidade no querer"; pois, se com as palavras se mente, também se mente com atitudes, e este engano é ainda mais pernicioso.

155 **Arte de não ceder às emoções.** Se possível, uma reflexão prudente deve nos prevenir contra a vulgaridade dos ímpetos. Isso não é difícil para quem é prudente. O primeiro passo é entender que está cedendo às emoções, tratar de dominá-las, questionando a necessidade de tanta zanga, e saber parar. Há que entrar e sair das iras com esta elevada reflexão. E saber parar bem, na hora certa, pois o mais difícil numa corrida é parar. Prova de grande juízo é manter a calma nos momentos de loucura. Todo excesso de emoção enfraquece a racionalidade, mas com extremo cuidado nunca se há de atropelar a razão nem ultrapassar os limites do senso moral. Para domar uma paixão se há de empregar as rédeas da cautela; quem o fizer será o cavaleiro mais sensato; quem não, o menos.

156 **Escolha de amigos.** Os amigos devem ser submetidos ao exame da sensatez e à prova da ventura, e aceitos não só pela vontade, mas pelo entendimento. E, embora seja esta a escolha mais importante da nossa vida, é a que menos cuidamos. A amizade nasce, em certos casos, por intermédio de outros; na maioria das vezes, por acaso. Os amigos que tem definem o homem, pois o sábio nunca se coaduna com ignorantes; entretanto, gostar de estar com alguém não significa intimidade, pois pode ser fruto mais de bons momentos de gracejos que da confiança em sua capacidade. Existem amizades legítimas e outras adúlteras: estas para o prazer, aquelas para a fecundidade dos acertos. Na vida há poucos amigos da pessoa e muitos da fortuna. É mais proveitosa a compreensão de um amigo que a boa vontade de muitos. Deve haver, então, escolha, e não sorte. Um amigo sábio sabe evitar os problemas, um amigo tolo os atrai. Não lhes deseje muita fortuna, se não os quer perder.

157 **Não se enganar com as pessoas.** É a pior e mais fácil maneira de se enganar. Melhor ser enganado no preço que na mercadoria; as pessoas são o que mais precisamos olhar por dentro. Há uma grande diferença entre entender as coisas e conhecer as pessoas, e é alta sabedoria conhecer os tipos de caráter e distinguir os humores dos homens. É necessário estudar as pessoas tanto quanto os livros.

158 **Saber desfrutar dos amigos.** Nisso há uma arte do bom senso: alguns são bons de longe, outros de perto, e aquele que talvez não seja bom para a conversa poderá ser para a correspondência. A distância purifica alguns defeitos que não se toleram na presença. Não se deve buscar nos amigos só o prazer, mas também utilidade; eles hão de ter as três qualidades do bem, que outros dizem do ente: ser uno, bom e verdadeiro, porque um amigo é tudo. São poucos os bons, e menos ainda quando não sabemos escolhê-los. Saber conservar uma amizade é mais importante que fazer amigos. Procure fazer com que estes perdurem, pois ainda que a princípio sejam novos, podem nos dar a satisfação de um dia se tornarem velhos amigos. Decididamente, os melhores são os antigos parceiros de agruras, mesmo que a experiência tenha custado caro. Viver sem amigos é viver num deserto. A amizade multiplica os bens e divide os males; é o único remédio contra as adversidades, um desafogo para a alma.

159 **Saber suportar os tolos.** Os sábios sempre foram insofríveis, pois quem tem mais ciência tem mais impaciência. O vasto conhecimento é difícil de satisfazer. A regra maior do viver, segundo Epiteto, é tolerar, e assim resumiu ele metade da sabedoria. Se todas as tolices têm que ser suportadas, será preciso muita paciência. Às vezes toleramos mais das pessoas de quem dependemos, o que é importante para o exercício da vida. Da tolerância nasce uma inestimável paz, que é a felicidade na Terra. E quem não estiver com ânimo para suportar os outros, que se refugie em si mesmo, se é que ainda consegue se suportar.

160 **Zelo ao falar.** Com os adversários, por cautela; com os demais, por decência. Sempre há tempo para soltar o verbo, mas não para trazê-lo de volta. Deve-se falar como se faz um testamento: quanto menos palavras, menos disputas. Há que preparar-se para as coisas realmente importantes exercitando-se com as desimportantes. Tudo o que parece misterioso tem ares de religioso. E, ao contrário, a pessoa de palavra fácil está bem perto de ser vencida e convencida.

161 **Conhecer os amados defeitos.** O homem mais perfeito não escapa de ter alguns, e com eles se casa e amanceba. Há defeitos no intelecto, tanto maiores quanto maior for este, ou pelo menos mais notados. Não porque ele próprio não os conheça, mas porque os ama. Dois males ao mesmo tempo: apaixonar-se e pôr defeitos. São máculas na perfeição: ofendem os de fora tanto quanto agradam ao próprio. Aqui o homem de brio há de superar-se e dar igual destaque às suas outras qualidades; as pessoas, em vez de celebrarem as coisas boas que admiram, só reparam naquela que enfeia, enfeando assim os demais dotes.

162 **Saber vencer a rivalidade e a malevolência.** Para isso pouco adianta o desprezo, por mais discreto que seja; é melhor empregar a gentileza. Merece aplausos a pessoa que fala bem de quem fala mal dela; não há vingança mais gloriosa que os nossos méritos e talentos,

pois estes vencem e atormentam a inveja alheia. Cada conquista nossa é como uma tortura para o desafeto, e o inferno do invejoso é a glória do invejado. Eis o maior castigo: com a nossa felicidade, fazer um veneno para o invejoso. Este não morre só uma vez, morre todas as vezes em que o invejado recebe aplausos, concorrendo a perenidade da fama de um com a penalidade do outro: um é imortal com as suas glórias e o outro, com as suas penas. Os clarins da fama, que tocam pela imortalidade de um, anunciam a morte do outro, sentenciando-o ao patíbulo da própria inveja.

163 **Nunca incorrer no desfavor da fortuna por pena de algum infeliz.** O que é infortúnio para alguns costuma ser fortuna para outros, que não seriam venturosos se muitos outros não fossem desventurados. É comum os infelizes caírem nas graças das pessoas, que querem compensar com seus inúteis favores os desfavores da sorte; e há casos de gente que todos detestavam na prosperidade e da qual, na adversidade, todos se apiedam: a vingança contra o afortunado se transforma em compaixão pelo desfavorecido. Mas o homem sagaz há de prestar atenção ao baralhar da sorte: certas pessoas só andam com gente infeliz, e hoje se colocam ao lado de algum infeliz que até ontem evitavam por ser bem-sucedido. Talvez isso revele nobreza de caráter, mas não sagacidade.

164 **Deixar algumas coisas no ar.** Para verificar se são aceitas, ver como são recebidas, principalmente tratando-se de questões cujo acerto e agrado são duvidosos. Assim se garante o sucesso, abrindo espaço para avançar ou retirar-se. Sondando, assim, a vontade dos outros, o homem atento sabe onde está pisando: é a mais importante precaução para pedir, para gostar e para governar.

165 **Fazer uma guerra honrada.** Podem obrigar um homem equilibrado a guerrear, mas não sem honra. Cada qual tem que agir como é, não como o obrigam. É digno de aplausos manter a cortesia mesmo na rivalidade. Há que lutar para vencer, não só pela força, mas também pelo modo de agir. Triunfar com malfeitos não é vitória, é rendição. A generosidade sempre foi sinal de superioridade; o homem de bem nunca emprega armas proibidas, como são as de uma amizade do passado para o ódio do presente, pois não se há de lançar mão da confiança para a vingança. Tudo o que cheira a traição envenena o nosso bom nome. Nos grandes personagens se estranha mais qualquer resquício de baixeza; a nobreza e a vilania devem ficar bem distantes uma da outra. Procure estar apto para poder afirmar com orgulho que se a cortesia, a generosidade e a fidelidade desaparecessem do mundo, haveriam de ser encontradas em seu peito.

166 **Diferenciar o homem de palavras do homem de ação.** Isto requer uma precisão especial, tanto quanto diferenciar entre amigos pessoais e amigos do trabalho, que são bem diferentes. É ruim que não haja boas palavras mesmo sem más ações; mas é ainda pior que não haja boas ações mesmo sem más palavras. Não se comem as palavras, que são de vento, nem se vive de cortesias, que são um engano cortês: caçar aves com o fulgor de uma luz é a verdadeira forma de deslumbrar. Os arrogantes se satisfazem com vento; mas as palavras têm que estar baseadas em fatos, só assim terão valor. As árvores que não dão frutos, só folhas, não costumam ser estimadas; é importante conhecê-las – as primeiras para a colheita, as segundas pela sombra.

167 Saber ajudar-se. Nas grandes aflições não há melhor companhia que um coração forte; quando este fraqueja, tem de ser suprido pelas partes próximas. As dificuldades são menores para quem sabe se valer de si mesmo. Não há que render-se ao destino, pois a situação acabaria ficando intolerável. Alguns aumentam os males por não saberem lidar com eles. Quem se conhece bem supera a fraqueza com o pensamento, e o homem sensato sai vitorioso de tudo, até das estrelas.

168 Não tornar-se um monstro de insensatez. São muitos os fúteis, presunçosos, obstinados, caprichosos, teimosos, extravagantes, aduladores, frívolos, mexeriqueiros, paradoxais, sectários e todo tipo de gente destemperada, todos monstros de impertinência. A monstruosidade da alma é mais deformante que a do corpo, pois afeta uma beleza superior. Mas quem há de corrigir tanto desacerto geral? Onde falta ética não há lugar para o aconselhamento, e o que deveria ser uma observação reflexiva do ridículo se torna uma malconcebida presunção de aplauso imaginário.

169 Há que ter mais cuidado para não errar uma vez que para acertar cem. Ninguém olha para o sol resplandecente, mas todos olham para o eclipsado. A plebe não conta os acertos, mas, sim, os erros. Os maus ficam mais conhecidos pelas críticas que os bons pelos aplausos; e muitos só se tornaram conhecidos depois de delinquirem. Não bastam todos os acertos juntos para sobrepujar um único e mínimo tropeço. E que ninguém se engane, pois a malevolência só vê o mal, nunca o bem.

170 Ter reservas de tudo. Assim, as coisas importantes estarão asseguradas. Não se há de usar todo o potencial a cada vez, nem mostrar todas as forças; mesmo no saber há que resguardar algo, pois desta maneira as perfeições se duplicam. É preciso ter sempre um último recurso para não passar apertos em caso de insucesso. Melhor se socorrer do que pedir socorro, pois tem mais valor e credibilidade. A sensatez escolhe sempre os caminhos mais seguros. Também neste sentido é verdadeiro aquele instigante paradoxo: "A metade é mais que o todo".

171 Não desperdiçar favores. Os grandes amigos são para as grandes ocasiões. Não se há de empregar favores grandes em coisas pequenas, o que seria um desperdício: há que reservar sempre a arma secreta para o último perigo. Se abusarmos de amigos graúdos com miudezas, o que restará depois? Não há nada mais valioso que ter alguém a quem recorrer, nem nada mais precioso, atualmente, que o favorecimento – ele faz e desfaz no mundo, chega a dar talento e a tirá-lo. O que a natureza e a fama favoreceram nos sábios, a sorte invejou. Tem mais valor conservar as pessoas que os bens.

172 Não competir com quem não tem nada a perder. Seria combater em condições desiguais. O outro não tem qualquer embaraço porque até a vergonha já perdeu; liquidou tudo, não tem mais nada em jogo, e por isso se lança com toda a impertinência. Nunca se há de expor uma reputação inestimável a um risco tão cruel: ela levou muitos anos para ser adquirida, e agora pode se perder num piscar de olhos. Um vexame pode fazer suar frio muita gente limpa. O homem de respeito repara no muito que tem a perder. Olha a sua credibilidade, olha a do outro e, como age com extremo cuidado, o faz com tal lentidão que dá tempo à prudência para retirá-lo a tempo e salvar sua credibilidade. Nem vencendo chegará a ganhar o que já perdeu arriscando-se a perder.

173 **Não ser de vidro no convívio.** Muito menos na amizade. Alguns se quebram com facilidade, mostrando pouca consistência; enquanto estes acabam cheios de ressentimento, os outros, cheios de enfado. Mostram que são mais sensíveis que a menina dos olhos, que não pode ser tocada nem à vera nem de brincadeira, e se ofendem por qualquer ninharia, com ou sem cortesia. Quem lida com eles tem que ser cauteloso, estar sempre atento às delicadezas, que a palavra enfeita, pois qualquer desfeita os desarvora. Normalmente vivem em seu próprio mundo e são escravos das suas vontades, pelas quais tudo atropelam, idólatras de um irrisório senso de honra. E, em comparação com a durabilidade e a resistência de um diamante, sua condição de amante tem a metade.

174 **Não viver às pressas.** Saber distribuir bem as coisas é saber como desfrutá-las. Para muitos, sobra vida e falta felicidade. Assim, malogram as alegrias, pois não as gozam, e depois querem voltar atrás, quando já se acham tão à frente. São os arautos da vida, pois ao transcurso comum do tempo somam o seu afobamento natural. Querem devorar num dia o que só podem digerir em toda uma vida. Vivem adiantados na felicidade, comem os anos vindouros e, como estão sempre com pressa, acabam tudo com rapidez. Até para aprender há de haver algum modo de não saber as coisas mal sabidas. São mais os dias que as ditas. Para desfrutar, vagareza; para agir, rapidez. Os feitos nos fazem sentir bem depois de feitos; as alegrias, mal quando terminam.

175

Homem de verdade. Quem o é não se ufana diante dos outros. Infeliz é a excelência que não se baseia na verdade, pois nem todos os que parecem homens de verdade realmente o são: há os embusteiros, que só concebem quimeras e parem engodos; e há outros, semelhantes a eles, que os apoiam e preferem o incerto que o embuste promete, por ser muito, ao certo que a verdade garante, por ser pouco. Ao fim e ao cabo seus caprichos sempre acabam mal, porque não têm fundamento na integridade. Só a verdade pode conferir uma reputação sólida, e com veracidade o proveito é maior. Um embuste exige outros muitos, e assim tudo o que os mentirosos fabricam é quimera; como essa quimera só se apoia no ar, tem que cair por terra. Seus despropósitos nunca duram muito: tudo o que prometem basta para fazer-nos desconfiar, tal como tudo o que se oferece em demasia e promete o impossível.

176

Saber, ou então escutar quem sabe. Sem compreensão não se pode viver, seja própria ou de empréstimo; mas muita gente ignora que não sabe, e outros pensam que sabem mesmo não sabendo. A tolice é uma doença sem cura, pois como os ignorantes não sabem que o são, não buscam o que lhes falta. Alguns seriam sábios se não pensassem já sê-lo. Por isso os oráculos do bom senso, apesar de raros, vivem ociosos porque ninguém os consulta. Pedir um conselho não diminui a grandeza nem questiona a capacidade de ninguém; antes, as aumenta e afirma. Escute a voz da razão para não ter que enfrentar a aflição.

177

Evitar intimidades no trato. Não devem ser usadas nem permitidas. Quem as aceita perde a superioridade que sua dignidade lhe conferia, e depois perde a consideração. Os astros, por não se rebaixarem ao nosso nível, conservam todo o seu esplendor.

O divino exige decoro, o humano facilita o desprezo. As coisas humanas, quanto mais as temos, menores se tornam, pois qualquer comunicação também comunica as imperfeições que a prudência antes encobria. Não se há de aceitar excessivas intimidades com ninguém: com os superiores, por ser perigoso; com os inferiores, por ser indigno; muito menos com a choldra, que é atrevida e estúpida, e, não reconhecendo o favor que lhe fazem, presume que é por obrigação. A intimidade excessiva é manifestação da vulgaridade.

178 **Acreditar no coração.** Principalmente quando ele merece crédito. Nunca o desminta, pois o coração costuma ser bom previsor em relação às questões mais importantes: um oráculo caseiro. Muita gente perece daquilo que mais teme, mas de que adianta temer sem se precaver? Alguns têm um coração muito leal, vantagem natural que lhes dá superioridade, que sempre os previne apontando a infelicidade para evitá-la. Não é sensato sair ao encontro dos males, há que sair de encontro a eles para vencê-los.

179 **A discrição é o selo da capacidade.** Um peito sem segredos é uma carta aberta. No mais profundo estão os segredos mais fundos, pois há grandes espaços e recantos onde ficam enterradas as coisas relevantes. A discrição é fruto de um grande autodomínio; consegui-lo é o verdadeiro triunfo. Quem abre o coração paga o seu preço aos que o ouvem, a nossa moderação interna é uma saudável prudência. Uma atitude reservada nos expõe ao risco de ser perscrutados: há quem costume contradizer só para desdizer e lançar farpas só para revelar o caráter, até dos mais atentos e mais fechados. Não se devem dizer as coisas que se hão de fazer, nem fazer as que se hão de dizer.

180 **Não se regular pelo que o inimigo faria.** O inimigo tolo nunca faz o que o homem de bom senso supõe, porque não percebe o que mais lhe convém. Se for sensato, tampouco, porque vai querer desmentir e prevenir as intenções que capta. É preciso ver as coisas por ambas as faces, examinando-as de um lado e de outro, dispondo-as em duas vertentes. Sempre há opiniões diversas: não se deixe envolver, não se preocupe com o que pode ser, mas, sim com o que será.

181 **Sem mentir, não dizer todas as verdades.** Não há nada que exija mais tato que a verdade, que pode fazer um coração sangrar. Tanto para saber dizê-la tanto quanto para saber silenciá-la. Com uma única mentira pode-se perder todo um crédito de integridade: considera-se falho quem é enganado e falso quem engana, o que é ainda pior. Nem todas as verdades podem ser ditas: algumas porque só interessam a mim, outras porque afetam o outro.

182 **Um pouco de audácia com todos revela bom tino.** Convém moderar o conceito que se tem dos outros para não concebê-los tão superiores que inspirem receio: a imaginação não pode derrotar o coração. Há pessoas que nos parecem imensas até lidarmos com elas; mas esse contato leva mais ao desengano que à estima. Ninguém supera os estreitos limites do humano; todos têm o seu *porém*, uns no intelecto, outros no caráter. A dignidade confere uma autoridade aparente, que poucas vezes cabe àquela pessoa, pois a sorte costuma vingar a superioridade de um cargo com a inferioridade em méritos. A imaginação sempre se adianta e pinta as coisas muito maiores do que são, pois não concebe apenas o que há, mas também o que poderia haver. Tem, então, que ser corrigida pela razão, já curtida pela experiência. Mas os tolos nunca devem ser atrevidos, nem os virtuosos, medrosos. E se sua simplicidade gerou confiança, o que se há de dizer do valor e do saber?

183 **Não se aferrar demais.** Todo tolo é teimoso, e todo teimoso é tolo; quanto mais errada uma afirmação, maior sua obstinação. Diante de evidências, há que ceder, sem ignorar a razão que houve nem a cortesia que há de haver. Perde-se mais numa disputa do que se poderia ganhar vencendo a luta. Teimar não é defender a verdade, mas a grosseria. Há gente tão cabeça-dura que tem extrema dificuldade para se convencer de algo, e contra isso não há remédio; quando o capricho se junta com a teimosia, ambos se unem indissoluvelmente à inépcia. A firmeza tem que estar na vontade, não na opinião. Mas sempre há casos excepcionais, nos quais não se deve perder para não ser vencido duas vezes: uma na decisão, outra na execução.

184 **Não ser cerimonioso.** Mesmo num rei essa afetação já foi considerada excentricidade. A etiqueta é enfadonha, e há nações inteiras afetadas por tais miudezas. A roupagem dos tolos, idólatras da própria honra, é toda costurada com esses melindres, e assim revela a sua fragilidade, pois temem que tudo os possa ofender. É bom zelar pelo respeito, mas não se torne um grande instrutor de etiqueta. É bem verdade que o homem descerimonioso precisa ter as mais excelentes virtudes, e nunca alardear nem menosprezar a cortesia. Não se revela grande quem repara em regrinhas de etiqueta.

185 **Nunca pôr à prova sua credibilidade de uma vez só.** O prejuízo será irreparável se não se sair bem. É muito possível errar uma vez, ainda mais sendo a primeira. Nem sempre se está no melhor momento, e por isso se diz "estar no meu dia". Há que permitir, então, que a segunda tentativa compense a primeira, em caso de erro; e, acertando, a primeira será o modelo para a segunda: sempre há que se recorrer ao aperfeiçoamento e à repetição. As coisas dependem das contingências, e de muitas. Por isso, ter a felicidade de acertar é coisa rara.

186 **Conhecer os defeitos, por mais dissimulados que estejam.** Não há que ignorar os vícios, mesmo quando revestidos de brocado: às vezes estão folheados em ouro, mas nem por isso podem ser disfarçados. Continuam escravos da própria vileza, ainda que desmentidos pela nobreza da pessoa. Os defeitos podem muito bem ser embelezados, mas nunca são belos. Alguns veem que certo grande homem teve um percalço, mas não veem que não foi por isso que se tornou grande homem. O exemplo que vem de cima é tão convincente que nos persuade até de coisas feias; mesmo a feiura de um rosto a lisonja pode apagar, sem perceber que os defeitos, geralmente tolerados nos superiores, são abominados nos de baixo.

187 **Fazer sozinho tudo o que for favorável; o que for odioso, por intermédio de terceiros.** Com a primeira providência se conquista a afeição, com a segunda se afasta a malevolência. Para os grandes homens, fazer o bem dá mais gosto que recebê-lo, pois são felizes sendo generosos. Poucas vezes se dá um desgosto a alguém sem sofrer outro, por compadecimento ou por arrependimento. As causas mais nobres não avançam sem pressão ou premiação.

O bem há de influenciar de forma direta, e o mal, indiretamente, para que os golpes da insatisfação, que são o ódio e o falatório, encontrem um anteparo. A raiva da plebe é como a canina: desconhecendo a causa dos seus males, volta-se contra o instrumento; e, embora esse intermediário não seja o culpado principal, é imediatamente condenado.

188

Ter o que louvar. É um mérito para a elegância da pessoa, pois indica ter bom gosto e merecer a estima geral. Quem soube reconhecer antes determinada qualidade também há de saber apreciá-la depois. O louvor sempre dá matéria para a conversação e para a imitação, adiantando as informações dignas de aplauso. É um modo polido de vender cortesias às qualidades dos presentes. Mas outros, ao contrário, têm sempre o que vituperar, lisonjeando quem está presente para menosprezar os ausentes. Sempre se dão bem com as pessoas superficiais, que não percebem essa manha de falar mal de uns para os outros. Alguns têm a política de dar mais apreço às mediocridades de hoje que às excelências de ontem. O homem sagaz há de conhecer essas sutilezas, e não deve ficar abatido com o exagero de uns nem arrogante com a lisonja dos outros; precisa entender que todos agem do mesmo modo e com todo mundo: invertem os sentidos, e sempre se adaptam ao lugar em que estão.

189

Valer-se da privação dos outros. Quando toca o desejo, a privação é a tortura mais eficaz. Os filósofos já disseram que ela não é nada, e os políticos que é tudo. Estes a conhecem melhor. Alguns, para atingir seus fins, usam como degraus o desejo dos outros. Ante suas dificuldades, aproveitam para estimular-lhes o apetite. Confiam mais na frustração da paixão que na mansidão da posse, pois o desejo, quanto mais se frustra, mais se apaixona. Maneira sutil de conseguir o que se quer: manter os outros dependentes.

190   **Achar consolo em tudo.** Até os inúteis têm o consolo de ser eternos. Há consolo em tudo, o dos tolos é terem sorte, assim como também se diz "ventura de feia…". Para viver muito é melhor valer pouco; a vasilha rachada é aquela que não quebra nunca, que cansa de tanto durar. Parece que a sorte tem inveja das pessoas mais importantes, pois equipara a importância à brevidade e a inutilidade à duração: hão de faltar os que importam de fato, e permanecerá eterno o que não tem qualquer proveito, seja porque assim parece, seja porque realmente é. Quanto aos desventurados, parece que a sorte e a morte se coadunam para esquecê-los.

191   **Não se envaidecer com muita cortesia**, que é uma espécie de engodo. Alguns não precisam de poções de Tessália para enfeitiçar, pois apenas com o garbo de um gorro elegante fascinam os tolos, quer dizer, os vaidosos. Negociam a honra e pagam com o vento de umas boas palavras. Quem promete tudo não promete nada, pois a promessa é uma armadilha para os bobos. A verdadeira cortesia é uma dívida, a fingida é engano, e a exagerada, ainda mais: não é dignidade, e sim dependência. Não reverenciam a pessoa, mas a fortuna; não lisonjeiam as qualidades que reconhecem, mas as utilidades que esperam.

192   **Homem de muita paz, homem de muita vida.** Para viver, há que deixar viver. As pessoas pacíficas não só vivem, mas também reinam. Há que ver e ouvir, mas calar-se. Dia sem rixa, noite bem dormida. Viver muito e viver com prazer é viver duplamente, um fruto da paz. Tem tudo aquele que não se preocupa pelas coisas que não importam. Não há maior despropósito que ver algum propósito em tudo. Ter um coração aberto para quem não interessa é uma tolice equivalente a não deixar entrar quem muito importa.

193 Atenção com quem defende os outros de entrada para se sair com a sua depois. Não há melhor anteparo para a astúcia que a precaução. Frente ao entendido, um bom entendedor. Alguns fazem o próprio negócio parecer alheio e, sem sabermos das suas intenções, queimamos a mão a cada passo para tirar do fogo o proveito dos outros.

194 Ter uma ideia equilibrada de si e das suas coisas. Principalmente no começo da vida. Todos têm altos conceitos de si mesmos, mais altos aqueles que menos são. Cada um sonha com sua boa fortuna, imaginando-se um prodígio. A esperança se desata, desatinada, e depois nada cumpre a experiência. O desengano com a realidade verdadeira serve de castigo para a imaginação vazia. O bom senso deve corrigir tais desacertos e, mesmo desejando o melhor, sempre se há de esperar o pior para depois aceitar o que vier com equilíbrio. É uma grande habilidade saber mirar um pouco acima para acertar o tiro, desde que com tino para não exagerar. Quando se começa a trabalhar é preciso reformar os próprios conceitos, pois a presunção, sem a experiência, costuma cometer desatinos. Não há remédio mais universal para todas as tolices que o juízo. Cada qual tem de conhecer o alcance de suas capacidades e limites, e assim poderá adequar seus conceitos à realidade.

195 Saber estimar. Não há quem não possa ensinar alguma coisa ao outro; nem há quem não possa avançar mais que os mais avançados. Saber desfrutar cada pessoa é um saber muito útil. O homem sábio estima a todos porque reconhece o que há de bom em cada um e sabe como é difícil fazer bem as coisas. O tolo despreza a todos porque ignora o que é bom e escolhe sempre o pior.

196 Conhecer a sua boa estrela. Ninguém é tão desvalido que não a tenha; e se for infeliz é porque não a conhece. Alguns têm acesso a príncipes e poderosos sem saber como nem por quê: é que sua sorte facilitou tal favorecimento, e ao esforço só resta ajudá-la. Outros têm a graça dos sábios; e outros ainda são mais bem aceitos em uma nação que em outra, ou mais bem-vistos nesta cidade que naquela. Também pode-se estar melhor num trabalho e numa situação que em outros, mesmo que tenham méritos iguais, ou até idênticos. A sorte dá as cartas como e quando quer. Cada um deve conhecer a sua, assim como o seu discernimento, pois que disso depende perder ou ganhar. Há que aprender a seguir a própria estrela e ajudá-la; mas sem pretender alterá-la, para não perder o rumo nem ficar desnorteado.

197 Nunca envolver-se com os tolos. É igualmente tolo quem não os reconhece, e mais ainda quem, reconhecendo, não se desvencilha deles. São perigosos no contato superficial e perniciosos para a confidência. E, ainda que por algum tempo sejam contidos pelo próprio receio e pelo cuidado alheio, afinal acabam cometendo, ou dizendo, a estupidez; quando demoram, é para torná-la mais solene. Não pode ajudar a reputação alheia quem não a tem. Sempre são infelicíssimos os tolos, pois que é este o óbice da tolice; as duas coisas estão coladas uma à outra. Só um aspecto é menos ruim para eles: é que, embora as pessoas sensatas não lhes sejam de nenhum proveito, eles, sim, o são para os sábios, como exemplo ou como lição.

198 Saber transplantar-se. Há nações que só reconhecem o valor de alguém quando se muda; ainda mais se aspirar a altos postos. As pátrias são madrastas das suas próprias eminências: nelas a inveja reina em terreno fértil e todos se lembram mais das imperfeições iniciais que da grandeza a que se chegou. Um alfinete obteve a estima geral ao passar do Velho para o Novo Mundo, e um pedaço de vidro ofuscou o diamante só por viajar. Tudo o que é estranho é mais valorizado, seja porque veio de longe, seja porque já chega pronto e em sua perfeição. Vimos pessoas que já foram desprezadas em seu rincão natal e hoje são honradas no mundo todo, estimadas pelos seus e por forasteiros; por uns, porque as veem de longe; por outros, porque vieram de longe. Não pode venerar uma estátua no altar quem a conheceu como tronco no pomar.

199

Saber ganhar espaços com comedimento, não com intromissão. O verdadeiro caminho para a estima geral são os próprios méritos, e o esforço, quando baseado no valor, é o atalho certo. A integridade por si só não basta, e a solicitude por si só é indigna, pois enlameia a reputação. Tudo consiste num meio-termo entre merecer e saber se introduzir.

200

Ter algo a desejar, para não ser desventurado na felicidade. O corpo respira e o espírito anseia. Se tudo é posse, tudo é desengano e descontentamento. Mesmo no saber sempre há de haver coisas não sabidas, para que a curiosidade se mantenha. A esperança impele; o excesso de felicidade é mortal. Ao premiar alguém, é conveniente nunca satisfazê-lo de todo. Sem nada a desejar, tudo se teme: é uma felicidade infeliz, pois onde acaba o desejo começa o temor.

201

São tontos todos os que parecem tontos e metade dos que não parecem. A tolice se apoderou do mundo, e se ainda há algo de sabedoria, é quase uma estultícia comparada à do Céu; mas o maior tolo é aquele que, não se achando, assim define todos os outros. Para ser sábio não basta alguém ser considerado como tal, e muito menos considerar-se: no primeiro caso, sabe que pensa que não sabe, no segundo, não vê que não vê que os outros veem. Como o mundo está cheio de gente tonta, ninguém acha que o é, nem sequer desconfia.

202

Ditos e feitos fazem um homem consumado. Há que se falar o que é bom e fazer o que é honroso: o primeiro é a perfeição da mente, o segundo, do coração, e ambos nascem da superioridade da alma. As palavras são sombras dos fatos; aquelas são as fêmeas, e estes, os machos. É melhor ser celebrado pelos outros que celebrá-los. Falar é fácil, difícil é fazer. Os feitos são a substância da vida, e as frases, seu ornato: a excelência nos feitos perdura, enquanto nos ditos, passa. Os atos são fruto de reflexão: alguns são sábios, outros heroicos.

203

Conhecer as eminências do seu tempo. Não são muitas: só há uma fênix em todo o mundo, um *Gran Capitán*, um perfeito Orador, um Sábio em todo o século, um único Rei Eminente entre muitos. A mediocridade predomina, em número e em valor; as eminências são raras em tudo, pois exigem uma perfeição completa e, quanto mais sublime a atividade, mais difícil chegar ao topo. Muitos adotaram o apelido "grande", de César e Alexandre, mas em vão, pois a palavra sem os feitos não passa de um sopro no ar: houve poucos Sênecas, e a fama só celebrou um Apeles.

204 **Fazer o que é fácil como algo difícil, e o difícil como fácil.** No primeiro caso, para que o excesso de confiança não leve ao descuido; no outro, para que a falta de confiança não leve ao desânimo. Para não fazer alguma coisa, basta considerá-la já feita; o esforço, ao contrário, aplaina as impossibilidades. Nos grandes momentos há que agir diretamente, sem pensar, para que a dificuldade, advertida, não se escude com anteparos.

205 **Saber fazer o jogo do desprezo.** Desprezar algo é um bom ardil para consegui-lo. É comum não acharmos as coisas quando as procuramos, e depois, sem querer, vemos que estavam ao alcance da nossa mão. Como todas as coisas neste mundo são sombras das eternas, todas têm as mesmas propriedades que as sombras: fugir de quem as segue e perseguir quem delas foge. O desprezo é também a vingança mais polida. Uma grande regra dos sábios é nunca se defender com a pena, que deixa rastro e acaba proporcionando mais glória pela rivalidade que castigo pelo atrevimento. Uma astúcia muita usada por homens indignos é se opôr aos grandes vultos para, assim, serem celebrados por via indireta mesmo não o merecendo diretamente: jamais conheceríamos a muitos deles se seus magníficos adversários não lhes houvessem prestado a atenção. Não há melhor vingança que o esquecimento, que seria como sepultá-los na poeira do seu próprio nada. Mas eles imaginam, temerários, que vão se eternizar ateando fogo às maravilhas do mundo e dos séculos. A grande arte para calar um falatório é ignorá-lo, pois contestar daria prejuízo e dar-lhe crédito, descrédito. Há que ser complacente com os rivais, pois uma sombra de desdouro tira o brilho, mas não escurece por completo a maior perfeição.

206 **Saber que há vulgaridade em toda parte.** Até em Corinto, na família mais distinta. Das portas para dentro, todos a sentem em sua própria casa. Mas existe a vulgaridade comum e a vulgaridade de berço, que é a pior. Esta, em especial, tem as mesmas propriedades da comum, são como dois cacos de um mesmo espelho, mas é ainda mais nociva: fala com estupidez e censura com impertinência, é uma grande discípula da ignorância, madrinha da tolice e aliada do falatório. Não há que dar ouvidos ao que diz, muito menos ao que sente. É importante conhecê-la para escapar dela, não ser parte sua nem seu objeto. Toda tolice é vulgar, e o vulgo é composto de tolos.

207 **Saber puxar as rédeas.** É preciso atenção com os ímpetos da paixão: eles fazem o bom senso escorregar, correndo o risco de perder-se. Geralmente se avança mais em um momento de furor ou de alegria que em muitas horas de indiferença. Um breve instante pode ser lamentado depois por toda a vida. A astúcia dos outros usa essas tentações à prudência para descobrir o que há em nossa alma; vale-se desses arrancadores de segredos, que costumam obtê-los à vontade. Nossa reação deve ser de autocontrole, principalmente nas emergências. É preciso muita reflexão para não deixar uma paixão desembestar; o homem de bom senso deve manter as rédeas curtas. Age com cautela quem concebe o perigo: uma palavra pode parece tão leve para quem a diz quanto pesada para quem a ouve e pondera.

208 **Não morrer de um ataque de estupidez.** Normalmente os sábios morrem fartos de lucidez; os tolos, ao contrário, fartos de conselhos. Morrer de estupidez é morrer por pensar em excesso. Uns morrem porque sentem, outros vivem porque não sentem. E, então, alguns são tolos porque não morrem com um sentimento, enquanto outros o são porque o fazem. Tolo é quem morre por excesso de compreensão; assim, alguns morrem de tanto entendimento e outros vivem por nada entenderem. Entretanto, apesar de muitos morrerem de estupidez, poucos estúpidos morrem.

209 **Livrar-se da tolice geral.** É uma providência de especial bom senso. As tolices vêm impulsionadas de fora, e algumas pessoas, que não se renderam à ignorância particular, não sabem como escapar da geral. É uma vulgaridade não estar contente com a própria sorte, por maior que ela seja, nem descontente com o próprio talento, por pior que ele seja. Todos, insatisfeitos com a própria felicidade, cobiçam a alheia. Também as pessoas de hoje enaltecem as coisas de ontem, e as daqui, as coisas de acolá. Tudo o que já passou parece melhor, e o que está distante é mais apreciado. É tão tolo quem ri de tudo quanto quem se zanga por qualquer coisa.

210 **Saber jogar com a verdade.** Ela é perigosa, mas o homem de bem não pode deixar de dizê-la; então é preciso ter engenho. Os destros médicos da alma inventaram o modo de adoçá-la, pois a verdade se torna a quintessência do amargor quando causa desenganos. Aqui se revela a capacidade do habilidoso: com a mesma verdade se lisonjeia um e se desanca outro. Há que se falar do passado aludindo ao presente: para o bom entendedor meia palavra basta, e quando não basta é melhor ficar calado. Os príncipes não devem ser curados com coisas amargas: a arte de dourar os desenganos serve para isso.

211 **No céu tudo é alegria, no inferno tudo é tristeza.** No mundo, ali no meio, uma coisa e a outra. Estamos entre dois extremos, portanto participamos dos dois. A sorte se alterna: nem tudo há de ser felicidade, nem tudo adversidade. Este mundo é como um zero: sozinho não vale nada; juntando-o com o céu, muito. A indiferença à sua variedade é sinal de prudência, pois que não é próprio de sábios buscar novidades. Nossa vida vai-se desenrolando como uma peça de teatro; ao final vem o desenlace. Atenção, então, para acabar bem.

212 **Guardar para si as últimas manhas do ofício.** Isso é coisa de grandes mestres, que se valem da sutileza até para ensiná-la. Desta maneira sempre hão de permanecer superiores, e sempre mestres. É preciso ter arte para comunicar a arte; nunca se deve deixar secar a fonte de ensinamentos, nem a de doação. É assim que se conserva a reputação própria e a dependência alheia. Ao agradar, e também ao ensinar, convém observar a grande lição de ir conquistando a admiração pouco a pouco e pondo a perfeição cada vez mais adiante. Em tudo a discrição sempre foi uma grande regra de viver, e de vencer, sobretudo nos cargos mais importantes.

213 **Saber contradizer.** É uma grande astúcia para sondar as pessoas, não a fim de comprometer-se, mas de comprometê-las. Trata-se de uma ferramenta única, que faz brotar os sentimentos: a descrença funciona como um vomitivo para os segredos, é a chave do coração mais fechado. Com grande sutileza se tateia ao mesmo tempo a vontade e o juízo alheios. Um malicioso desdém pelos mistérios do outro captura os seus mais profundos segredos, que ele leva tranquilamente à boca, caindo assim na artimanha. A reserva do homem prevenido faz o outro perder seu recato, revelando os sentimentos alojados num coração que de outro modo seria inescrutável. Uma dúvida fingida é a gazua mais sutil, que abrirá as portas para a sua curiosidade descobrir o que quiser. E até para aprender é um bom ardil o discípulo contradizer o mestre, pois este se esforçará mais para expor e fundamentar a verdade; assim, um questionamento moderado dá ensejo a um ensino mais completo.

214 **Não transformar uma bobagem em duas.** É comum que, para corrigir uma tolice, cometam-se mais quatro. Justificar um erro com outro maior faz parte da natureza da mentira, e esta, da estupidez, pois para sustentar uma são necessárias muitas outras. Pior que uma má ideia é defendê-la em público; pior que o próprio mal é não saber escondê-lo. As imperfeições costumam dar à luz novas imperfeições: o maior sábio pode até cair por causa de um descuido, mas não de dois; e de maneira fugaz, e não tenaz.

215 **Atenção com quem vem com segundas intenções.** Um ardil do negociante é distrair a vontade alheia para dominá-la, pois ela é vencida sendo convencida. Disfarça suas intenções para consegui-lo e se coloca em segundo plano para, na prática, ser o primeiro: o tiro acerta em quem está desprevenido. Mas não deixe a atenção dormir quando a intenção do outro está tão desperta, e se esta se coloca em segundo plano para ocultar-se, aquela tem que estar em primeiro para saber. A cautela ajuda a identificar os artifícios dos que se aproximam; preste a atenção em seus vaivéns até chegarem ao ponto pretendido. Eles propõem uma coisa e querem outra, vão fazendo rodeios com muita sutileza até atingirem o alvo da sua intenção; tenha em mente, pois, o que vai conceder, e às vezes convém dar a entender que entendeu.

216

Falar com clareza. Não só com desembaraço, mas também com lucidez nas ideias. Alguns concebem bem e parem mal, pois sem clareza não vêm à luz os filhos da alma, que são as ideias e as determinações. Alguns têm a mesma capacidade que aqueles cântaros que recebem muito líquido e despejam pouco. Outros, ao contrário, dizem até mais do que sentem. O que a resolução é para a vontade, a explicação é para o entendimento: duas grandes qualidades. As inteligências claras merecem aplausos, as confusas muitas vezes são veneradas por incompreensão; mas às vezes convém adotar a obscuridade para não ser vulgar. Mas como os demais hão de julgar o que ouvem, se nem aquele que fala tem uma ideia clara do que diz?

217

Não gostar nem detestar para sempre. Confiar nos amigos de hoje como possíveis inimigos de amanhã, e dos piores: pois o que **se** dá na realidade há de ser prevenido antes. Não se devem dar armas aos desertores da amizade, pois que com elas nos fazem a pior das guerras. Com os inimigos, ao contrário, se há de manter sempre uma porta aberta para a reconciliação, e que seja esta a porta da cortesia: é a mais segura. Algumas vezes a vingança do passado atormenta o presente, e a alegria pelo malefício que se tenha feito se transforma em tristeza.

218

Nunca agir por teimosia, mas por atenção. Toda teimosia é uma agonia, filha da paixão, que nunca faz as coisas às direitas. Há gente que guerreia por tudo; bandoleiros do convívio, querem obter vitórias em tudo o que fazem e não sabem se comportar pacificamente. Essas pessoas são perniciosas para mandar e governar, porque criam facções no governo e tornam-se inimigas daqueles que deveriam ter como filhos; querem dispor arbitrariamente de tudo, e tudo querem conseguir como fruto de sua artimanha; mas quando os outros descobrem o seu humor paradoxal, logo se voltam contra eles para embaraçar seus planos, e assim nada conseguem. Vivem empanturrados de aborrecimentos, todo mundo contribui para o seu desgosto. Essas pessoas têm juízo lesado e, muitas vezes, coração condenado. A melhor forma de lidar com tais monstros é fugir para onde estão os antípodas, pois é melhor tratar com a barbárie destes que com a ferocidade daqueles.

219 **Não ser conhecido como homem de artifícios, embora não se possa viver sem eles.** É melhor ser prudente que astuto. Todos gostam de ser tratados com lisura, mas nem todos a usam com os demais. A sinceridade não há de chegar ao extremo da simploriedade, nem a sagacidade ao da astúcia. Melhor ser venerado como sábio que temido como pérfido. As pessoas sinceras são amadas, mas acabam ludibriadas. O maior artifício deve ser encobrir o artifício, que é considerada um engodo. No século de ouro floresceu a sinceridade; neste, de ferro, floresce a malícia. A fama de homem que sabe o que fazer é honrosa e inspira confiança, mas a de usar artimanhas é sofística e gera desconfiança.

220 **Quando não se pode vestir pele de leão, há que usar a de raposa.** Saber ceder a tempo é superar-se. Quem muda de intenção não perde a reputação. Em vez de força, habilidade. Há que seguir por um caminho ou por outro: pelo caminho real, da coragem, ou pelo atalho do artifício. Mais resultados tem o jeito que a força, e mais vezes os sábios venceram os valentes que o contrário. Quando não se consegue alcançar a coisa pretendida, há que usar o desdém.

221

Não ser provocador. Não se envolver em disputas nem envolver os outros. Há gente que tropeça no decoro, tanto no próprio quanto no alheio, sempre a um passo da estupidez. Eles se encontram com facilidade e rompem com infelicidade. Não se satisfazem com cem aborrecimentos por dia: têm o humor a contrapelo, e por isso contradizem a tudo e a todos. Entendem tudo pelo avesso e, assim, tudo reprovam. Mas quem comete os maiores atentados à sensatez são aqueles que nada fazem bem e de tudo falam mal, pois há muitos monstros no vasto país da impertinência.

222

Homem reservado, sinal de prudência. A língua é uma fera que, quando se solta, é muito difícil voltar a acorrentar. É o pulso da alma, por onde os sábios descobrem sua disposição e os mais atentos pulsam os movimentos do coração. O problema é que justamente aqueles que deveriam ser mais cautelosos o são menos. O sábio evita aborrecimentos e entreveros mostrando-se senhor de si, sempre circunspecto e atento. Seria preferível que Momo tivesse desejado olhos nas mãos e não uma janelinha no peito.

223

Não ser original demais. Por afetação ou por distração, certas pessoas têm uma originalidade notável e adotam atitudes excêntricas, que são mais defeitos que formas de diferenciar-se. E assim como outros são conhecidos por algum aspecto singularmente feio do seu rosto, estes o são por algum excesso em seu comportamento. De nada adianta ser extravagante, só serve para chamar a atenção para alguma impertinência em especial, que provoca riso em alguns e aborrecimento em outros.

224 **Saber lidar com as coisas.** Nunca na contramão, ainda que venham assim. Todas têm seu lado direito e seu lado avesso. A melhor e mais favorável arma, quando empunhada pela lâmina, fere; a mais torpe, ao contrário, defende se empunhada pelo cabo. Muitas são as coisas dolorosas que, se consideradas todas as suas vantagens, seriam satisfatórias. Tudo tem seus prós e seus contras; a grande habilidade é saber encontrar os aspectos favoráveis. As coisas adquirem diferentes feições quando são olhadas sob outra luz: há que olhá-las sob a luz da felicidade. Não se devem eliminar os freios do bem e do mal; disso decorre que alguns encontram satisfação em tudo, enquanto outros, só pesar. Eis uma grande proteção contra os reveses da sorte e uma grande regra de vida, para todos os tempos e todas as circunstâncias.

225 **Conhecer seu maior defeito.** Ninguém vive sem um contrapeso à sua principal qualidade, mas se a inclinação o favorecer, tal defeito assume o controle como um tirano. Comece a combatê-lo tomando os cuidados necessários, e o primeiro passo deve ser identificá-lo bem, pois, sendo conhecido, será vencido, principalmente se o interessado lhe prestar a mesma atenção que quem o nota. Para ser senhor de si há que pensar sobre si mesmo. Uma vez vencido esse caudilho das imperfeições, todas as outras se acabam.

226 **Atenção para ser credor de obrigações.** A maioria das pessoas não fala ou age como aquele que é, mas como é obrigado. Qualquer um é capaz de persuadir-nos do mal, pois acreditar nele é fácil, por mais que, às vezes, seja inacreditável. O que temos de maior e de melhor depende do respeito alheio. Alguns se contentam com agir corretamente; mas isso não basta, é preciso mais esforço. Às vezes custa pouco fazer os outros terem obrigações conosco, e vale muito. Com palavras se compram atos: não há alfaia tão vil nesta grande casa do universo que não se use uma vez por ano; e ainda que valha pouco, faz muita falta. Cada um fala do objeto segundo o seu sentimento.

227 **Não adotar a primeira impressão.** Alguns se casam com a primeira informação que recebem, de maneira que as outras passam a ser concubinas; e como a mentira sempre se adianta, depois não sobra lugar para a verdade. Não se há de satisfazer a vontade com o primeiro objeto, nem o entendimento com a primeira ideia, pois seria aceitar a superficialidade. Alguns têm a mesma característica de uma taça nova que conserva o primeiro aroma, tanto do mau quanto do bom licor. Tal superficialidade é perniciosa quando se torna conhecida de todos, pois dá ensejo a tramas maliciosas: os mal intencionados saem correndo para tingir a credulidade com sua própria cor. É bom que sempre haja espaço para uma revisão: Alexandre costumava guardar o outro ouvido para o outro lado da história. Há de haver espaço para a segunda e a terceira informações: adotar de imediato a primeira impressão revela ineptidão, é quase como apaixonar-se.

228 **Não ter fama de infamante, muito menos ser famoso por difamar.** Não seja engraçado à custa alheia, o que é mais odioso que trabalhoso. Todos se vingam de quem faz isso falando mal dele, e como é um só e os outros, muitos, será vencido bem antes que os outros sejam convencidos. O mal não há de deixar ninguém contente, mas não é coisa que se comente. Os boquirrotos são sempre detestados, e se às vezes grandes personalidades dialogam com eles, é mais pelo gosto de ridicularizá-los que por apreciarem seu bom senso. E quem fala mal sempre escuta pior.

229   **Saber organizar a vida com sensatez.** Não à medida que as situações se apresentam, mas com previdência e critério. A vida sem descansos é penosa, como uma longa jornada sem pousada; o que a torna mais venturosa é a variedade de conhecimentos. A primeira parte de uma bela vida há de ser usada ouvindo os mortos: nós nascemos para conhecer e conhecer-nos, e os livros, sempre fiéis, nos tornam pessoas cabais. A segunda parte deve ser empregada com os vivos: ver e registrar tudo o que é bom no mundo. Nem todas as coisas se encontram na mesma terra; o Pai universal repartiu as dádivas, e às vezes dá o dote mais rico à filha mais feia. A terceira parte, cada um deve dedicá-la a si mesmo: última felicidade, o filosofar.

230   **Abrir os olhos a tempo.** Nem todos os que veem estão de olhos abertos, nem todos os que olham veem. Perceber tarde as coisas não serve de remédio, é apenas motivo de pesar. Alguns começam a enxergar quando não há mais o que ver: perderam suas casas e suas coisas antes de encontrarem a si mesmos. É difícil dar compreensão àquele que não tem vontade, e mais difícil ainda é dar vontade àquele que não tem compreensão. Os que estão em volta zombam deles, como se faz com os cegos, para escárnio dos demais. E tal como são surdos para ouvir, não abrem os olhos para ver. Mas não falta quem fomente essa insensibilidade, pois seu ser consiste em que os outros não sejam. Infeliz o cavalo cujo dono não tem olhos: dificilmente há de engordar.

231   **Nunca deixar as coisas pela metade.** Elas devem ser desfrutadas em sua completude. Todo início é informe, e depois essa deformidade permanece na nossa imaginação, pois a memória de ter visto uma coisa imperfeita não permite desfrutá-la depois de acabada. Olhar de relance um objeto grande, embora não nos permita observar suas partes, satisfaz nosso gosto. Antes de ser, tudo é nada, e quando começa a ser ainda está muito dentro do seu nada. Ver a preparação de um delicioso manjar dá mais repugnância que apetite. Cuide-se, então, todo grande mestre de não mostrar suas obras ainda em embrião. Aprenda com a natureza a não as expor antes que possam ser vistas.

232 **Ter algo de negociante.** Nem tudo pode ser especulação, também há de haver ação. Os muito sábios são fáceis de enganar porque, embora conheçam os eventos incomuns, ignoram os fatos comuns da vida, o que seria mais necessário. A observação das coisas sublimes os impede de ver as corriqueiras; e, como ignoram as primeiras que deveriam saber, aquelas que todos conhecem perfeitamente, são admirados ou então considerados ignorantes pela plebe superficial. O homem sábio, então, há de ter algo de negociante, o suficiente para não ser enganado nem ridicularizado. Tem que ser um homem de resultados, os quais, embora não sejam o mais importante, são o mais necessário para viver. De que serve o saber se não é prático? Hoje, o verdadeiro saber é saber viver.

233 **Que o gosto não erre o alvo, pois significa causar pesar e não prazer.** Alguns, querendo a adesão dos outros, os amofinam por não compreenderem seu temperamento. Há coisas que são lisonja para alguns e ofensa para outros; e algo que se considerava um favor na verdade era amargor. Às vezes custa mais dar um desgosto do que custaria dar um gosto. Muitos perdem a gratidão e a recompensa porque perderam a capacidade de agradar. Sem conhecer o temperamento alheio, será difícil satisfazê-lo; por isso alguns, pensando estar fazendo um elogio, soltam um vitupério, o que é castigo bem merecido. Outros acham que agradam com sua eloquência mas aporrinham a alma com sua loquacidade.

234 Nunca arriscar a reputação sem envolver a honra alheia. Convém participar dos benefícios em silêncio e dos prejuízos, às claras. No interesse da honra, há que agir sempre em companhia de terceiros, de maneira que a reputação de um cuide da do outro. Nunca se deve arriscar, mas se alguma vez o fizer, que seja com tal arte que a sensatez dê espaço à cautela. O risco sempre deve ser comum e a causa, recíproca, para que não se transforme em testemunha quem se reconhece como partícipe.

235 Saber pedir. Não há coisa mais difícil para alguns nem mais fácil para outros. Há gente que não sabe negar: com estes não é necessário usar gazua. Para outros, o *não* é sempre a primeira palavra a qualquer hora. Com estes é preciso lançar mão de artifícios. E, com todos, há que escolher o momento certo: abordar os espíritos quando alegres, ou tendo alimentado antes o corpo ou a alma. Se a atenção e a razão do outro não captam um pedido sutil, os dias alegres são os melhores para pedir o favor, pois a alegria flui de dentro para fora. Com tristeza nunca há bom resultado. Quando o outro já está negando algo, nem há que se aproximar, pois é óbvio que perdeu o medo de dizer *não*. Obter dos outros um compromisso prévio é uma troca legítima na qual não cabem baixezas.

236 Assumir como compromisso antes aquilo que depois há de ser um prêmio. É uma habilidade dos grandes políticos. Prestar favores antes do merecimento é prova de que se trata de homens de palavra. O favor assim antecipado tem duas vantagens, pois a rapidez de quem dá compromete mais aquele que o recebe. A mesma dádiva, sendo depois dívida, antes é compromisso. Trata-se de um modo sutil de inverter as obrigações, pois o que deveria ser um prêmio do superior para recompensar algo já realizado acaba recaindo no outro como uma obrigação de realizar. Isto só se aplica a gente de palavra, pois para homens vis é melhor usar freio que espora, antecipando o pagamento da honra.

237 Nunca dividir segredos com superiores. Pensando partilhar peras, muitas vezes se partilham pedras. Muitos sucumbiram por fazer confidências: são como colheres feitas de casca de pão, e estão expostos aos mesmos riscos. Confidência de príncipe não é favor, é fardo. Muitos quebram o espelho por fazer lembrar a própria feiura: não podem ver aquele que o pôde ver, nem é bem-visto quem o viu mal. Não se há de considerar que alguém tem grande obrigação conosco, muito menos se for poderoso. Mas se assim ocorrer, que o seja mais por benefícios que lhe fizemos do que por favores recebidos. É sobremaneira perigosa a confiança derivada da amizade. Quem contou seus segredos a outro tornou-se escravo dele; para os soberanos, trata-se de uma violência que não pode durar muito. Por isso são capazes de atropelar tudo, até a razão, para reaver a liberdade perdida. Segredos, então, nem ouvi-los nem dizê-los.

238 Conhecer a peça que falta. Muitos homens seriam pessoas realmente cabais se não lhes faltasse alguma coisa, sem a qual nunca chegam à perfeição do ser. Nota-se que alguns poderiam ser muito mais se prestassem um pouco mais de atenção às coisas; falta-lhes seriedade, e assim acabam obscurecendo grandes qualidades. A outros, falta delicadeza, o que os mais próximos logo percebem, principalmente quando se trata de pessoas de alto cargo. A alguns se pede mais atividade, a outros, moderação; todos esses defeitos, se fossem notados, poderiam ser superados com facilidade, pois o cuidado pode fazer do hábito uma segunda natureza.

239 Não ser arguto demais. É mais importante ser prudente. Saber mais do que convém é perder o gume, pois o excesso de astúcia deixa a lâmina rombuda. O mais seguro é uma verdade bem fundamentada. Ter conhecimento é bom, mas bacharelismo não. Discurso demais é sinal de pendência: melhor um raciocínio substancioso, que não se manifesta mais do que o necessário.

240 Saber usar a burrice. Até o maior dos sábios faz essa artimanha às vezes, e há momentos em que o melhor saber é parecer não saber. Não se deve ignorar, mas fingir que ignora. Com os tolos não é preciso ser sábio, nem com os loucos, lúcido: convém falar com cada um em sua linguagem: quem finge burrice não é burro, mas, sim, quem dela padece. Quando é sincera, realmente é burrice; mas não quando fingida, pois a artimanha chega até esse ponto. Para ser benquisto, o único meio é vestir a pele do mais simplório dos estúpidos.

241 Aceitar gracejos, mas não fazê-los. O primeiro é uma espécie de gentileza; o segundo, de provocação. Tem muito de fera quem em festas se destempera, e aparenta ter ainda mais. O gracejo diverte; saber tolerá-lo é prova de capacidade. Quem se esquenta estimula quem o apoquenta. O melhor é esquecer as pilhérias, e o mais seguro, ignorá-las. As maiores verdades sempre nasceram de gracejos, não há nada que exija mais atenção e habilidade. Antes de começar, há que saber até que ponto o outro, por seu temperamento, vai suportar.

242   **Ir até o fim.** Para alguns, tudo se resume em começar e nada terminam. Inventam mas não prosseguem: instabilidade de caráter. Nunca recebem elogios porque nada concluem; tudo o que fazem é feito para parar. Em outros, isso vem da impaciência da alma, defeito dos espanhóis, assim como a paciência é a vantagem dos belgas. Estes acabam as coisas, aqueles acabam com elas: suam para vencer a dificuldade, e com isso se contentam; não sabem levar a vitória até o fim, mostrando, assim, que podem mas não querem. Mas isso é sempre um defeito, seja por impossibilidade, seja por leviandade. Se a obra é boa, por que não terminá-la? E se é ruim, por que foi começada? Por isso o homem sagaz há de matar a caça, nunca limitar-se a localizá-la.

243   **Não agir sempre como um pombo.** Há que alternar a astúcia da serpente com a candura do pombo. Não existe coisa mais fácil que enganar um homem de bem. Muito crê quem nunca mente, e muito confia quem nunca engana. Ser enganado nem sempre é sinal de tolice, às vezes é de bondade. Dois tipos de pessoas se preocupam muito com esses ataques: as que já passaram por isso, e aprenderam à própria custa, e as astutas, que aprenderam à custa dos outros. A sagacidade deve ser tão extrema na desconfiança quanto a astúcia é para as tramoias. Não se esforce tanto para ser um homem de bem que acabe dando ao outro a oportunidade de ser do mal. Seja uma mistura de pomba e serpente; não um monstro, um prodígio.

244   **Saber obrigar.** Alguns se apropriam do favor alheio, e quando recebem uma graça parece, ou dão a entender, que a estão concedendo. Há gente tão astuta que faz reverências quando pede e transforma o benefício próprio em honraria para o outro. Armam as coisas de tal forma que os demais parecem estar pagando um favor que lhes fazem, invertendo as coisas com uma argúcia especial. No mínimo, põem em dúvida quem está fazendo o favor a quem. Compram do bom e do melhor a preço de elogios, e transformam em honra e lisonja para o outro sua preferência por alguma coisa. Usam a cortesia para transformar em dívida o que deveria ser agradecimento. Desta forma invertem a obrigação, passando-a da voz passiva para a ativa, pois são melhores políticos que gramáticos. Trata-se de uma grande esperteza, mas percebê-la é ainda maior, permitindo desfazer a inversão, devolver as honrarias e que cada um tire o seu proveito.

245 **Falar às vezes de forma singular e fora do comum.** Isto demonstra superioridade de recursos. Não há que ter uma estima especial por quem nunca se contrapõe às suas palavras, pois não é sinal do amor que porventura lhe tenha, mas do que tem por si mesmo; não se deixe enganar pela lisonja recompensando-a, é preciso condená-la. Também há que considerar um mérito as críticas de alguns, principalmente daqueles que falam mal de todos os homens de bem. Atenção quando suas coisas agradam a todos: é sinal de que não são boas, pois a perfeição é para poucos.

246 **Nunca dar satisfações a quem não pediu.** E, mesmo quando são pedidas, é um crime dá-las em excesso. Desculpar-se antes da hora é culpar-se, e quem se expõe dessa forma está piscando o olho para o mal e a malícia. A desculpa antecipada desperta suspeitas adormecidas. O homem sensato não há de mostrar que entendeu a desconfiança do outro, pois isso seria buscar confronto. Deve, antes, procurar desmenti-la com a integridade em sua conduta.

247 **Saber um pouco mais e viver um pouco menos.** Outros dizem o contrário. Mais vale o bom ócio que o negócio. Nada temos de nosso, a não ser o tempo: onde é que vive quem não tem um lugar? Desperdiçar nossa preciosa vida em tarefas mecânicas é tão infeliz quanto em atividades demasiadamente sublimes. Não vale a pena sobrecarregar-se de ocupações, nem de inveja; é como atropelar a vida e sufocar a alma. Alguns estendem este princípio ao saber; mas não se vive se não se sabe.

248 **Não se deixar levar pela última.** Há homens que só admitem a última informação, pois toda impertinência é dada a extremos. Seus sentimentos e vontades parecem feitos de cera: a última informação sela e apaga as anteriores. Nunca são convencidos, porque se convencem do contrário com a mesma facilidade; cada qual os tinge da sua própria cor. São ruins para confidentes, crianças durante a vida toda; e assim, variando suas ideias e afetos, vivem no ar, coxos de vontade e de juízo, sempre se inclinando para um lado ou para o outro.

249 **Não começar a viver por onde se deve acabar.** Alguns descansam no começo e deixam a fadiga para o fim. Primeiro tem que vir o essencial e depois, se ainda houver lugar, o acessório. Outros querem triunfar antes da luta. Alguns começam estudando o que menos importa, deixando para o fim da vida os conhecimentos que podem lhes render fama e proveito. Todos se desvanecerão antes de começarem a fazer fortuna. É essencial ter método para saber e poder viver.

250 **Quando convém argumentar às avessas?** Quando nos falam com malícia. Com alguns, tudo tem que ser ao contrário: o *sim* é *não* e o *não* é *sim*. Falar mal de uma coisa revela estima por ela, pois quem a desacredita para os outros a quer para si. Nem todo louvor é falar bem, pois que alguns, para não elogiarem os bons, também louvam os maus; e para quem ninguém é mau, ninguém há de ser bom.

251 **Há que usar os meios humanos como se não houvesse os divinos, e os divinos como se não houvesse os humanos.** Regra de um grande mestre; não é necessário comentar.

252 **Nem tudo para si, nem tudo para os outros.** É um tipo comum de tirania. Quem quer controlar tudo passa rapidamente a querer tudo para si. Essas pessoas não sabem ceder o mínimo nem aceitam perder um pingo da sua comodidade. Ajudam pouco, confiando na própria sorte, mas essa proteção costuma falhar. Às vezes convém precisar dos outros para que os outros também precisem de nós, e quem tem emprego público há de ser escravo do público, ou então que "renuncie ao cargo junto com a carga", como disse a velha a Adriano. Também há, ao contrário, aqueles que fazem tudo pelos demais, pois a estupidez é sempre chegada a um extremo, no caso, infeliz. Não têm dia nem hora para si mesmos, e se entregam com tal excesso aos outros que um deles foi chamado "o de todos". E igualmente em relação ao saber, pois que sabem aconselhar a todos, mas de si mesmos tudo ignoram. O homem lúcido há de entender que ninguém está interessado nele, mas em seus próprios interesses por ele ou através dele.

253 **Não facilitar demais o pensamento.** A maioria das pessoas não tem apreço pelo que entende e venera o que não apreende. As coisas têm que ter um custo para serem apreciadas: louva-se mais aquilo que não se entende. Há que mostrar-se sempre mais sábio e mais prudente do que aquele com quem se está lidando, para dar força à argumentação, mas com proporção e não com excesso. E, ainda que os sábios valorizem o bom senso em tudo, com todos os demais é preciso subir o patamar. Não há que dar ensejo a suas críticas, é melhor deixá-los ocupados tentando entender. Muitos exaltam aquilo que, quando lhes perguntam, não sabem explicar. Por quê? Porque veneram tudo o que é misterioso e elogiam só por ouvir elogiar.

254 **Não desprezar o mal por ser pouco.** Um mal nunca está só. Vêm sempre encadeados, tal como as felicidades. A ventura e a desventura geralmente se dirigem para onde já há outras: é que todos fogem dos desventurados e se achegam aos venturosos. Até os pombos, com toda a sua simplicidade, procuram os torreões mais brancos. Falta tudo ao homem infeliz: ele mesmo a si mesmo, o discurso e o consolo. Não se há de despertar os infortúnios adormecidos. Um escorregão é coisa pouca, mas depois dele vem a queda fatal, sem saber onde se irá parar: assim como nenhum bem jamais está totalmente cumprido, tampouco nenhum mal está totalmente acabado. Para os infortúnios que vêm do Céu, paciência; para os que vêm da terra, prudência.

255 **Saber fazer o bem.** Aos poucos, e muitas vezes. Mas sem nunca exceder as possibilidades: quem dá muito na verdade não dá, vende. Não há que forçar o agradecimento, pois nesse caso o outro, vendo-se impossibilitado de retribuir, romperá o vínculo.

Para perder muitos amigos basta cobrar-lhes em demasia. Estes, para não pagarem, afastam-se e de amigos se transformam em inimigos. A estátua nunca quer ver à sua frente o escultor que a lavrou, nem o devedor os olhos do seu benfeitor. Uma grande habilidade ao dar: que custe pouco e seja algo muito desejado, para ser mais apreciado.

256 **Estar sempre prevenido contra os mal-educados, os teimosos, os arrogantes e todo tipo de tolos.** Encontram-se muitos deles, e o bom senso recomenda não ir ao seu encontro. Só com uma atenção precavida se vencem diariamente os lances de tolice. Escolha bem, e não exponha sua reputação a contingências vulgares: o homem dotado de bom senso não há de ser combatido pela impertinência. É difícil manter o rumo no convívio humano, repleto de armadilhas do descrédito; o mais seguro é desviar-se, recorrendo à astúcia de Ulisses. Vale aqui a artimanha de escapulir. Use, sobretudo, a cortesia, melhor atalho para sair de apuros.

257 **Nunca chegar ao rompimento.** Dele sempre sai arranhada a reputação. Para inimigo, qualquer um serve, mas não para amigo. Poucos podem fazer o bem e quase todos, o mal. No dia em que rompeu com um escaravelho, a águia não se aninhou com segurança nem mesmo no seio de Júpiter: os inimigos disfarçados usam as garras do declarado para atiçar o fogo, só estavam esperando a ocasião. Os amigos magoados são os piores inimigos; aos seus próprios defeitos acrescentam com afinco todos os nossos. Já os que olham de fora, cada um diz o que sente, e sente como deseja, condenando a todos, ou por falta de previdência, no princípio da amizade, ou de paciência, no fim, e sempre por falta de sensatez. Se for inevitável a ruptura, que seja justificável: antes com frieza de favor que com violência de furor. E aqui cabe pensar numa bela retirada.

258 Procurar ajuda para enfrentar os infortúnios. Nunca se há de estar só, muito menos nos perigos, pois seria expor-se a todo o ódio alheio: alguns querem controlar tudo sozinhos e só conseguem provocar a murmuração dos vizinhos. Agindo assim, terá quem o defenda e ajude a enfrentar o mal: em sendo dois, nem a sorte nem o vulgo terão tanto atrevimento. Por isso o médico sagaz, mesmo tendo errado o tratamento, não erra em procurar quem o ajude, a título de consulta, a carregar o caixão: assim se repartem o peso e o pesar, pois que a desventura a sós pesa em dobro e se torna intolerável.

259 Prevenir as ofensas e transformá-las em favor. É mais astucioso evitá-las que vingá-las. Trata-se de uma grande habilidade transformar em confidente quem iria ser rival, convertendo em anteparos da reputação aqueles que a ameaçavam com tiros. Vale a pena fazer os outros nos deverem favores, pois quem ocupa o tempo com agradecimentos não tem tempo para ofensas. Saber viver é transformar em prazer o que seria pesar: faça de confidente o próprio malevolente.

260 Não ser nem considerar que alguém é ou será todo seu. Não são suficientes os laços de sangue e de amizade, nem alguma obrigação contraída, pois é grande a distância entre entregar a vontade e entregar o coração. A união mais íntima admite exceção; nem por isso se ofendem as leis da cortesia. O melhor dos amigos sempre reserva algum segredo para si mesmo, e até o filho resguarda algo do pai. Certas coisas se escondem de algumas pessoas e se contam a outras, e vice-versa, e desse modo nos mostramos por inteiro e nos negamos por inteiro, dependendo do vínculo com o interlocutor.

261

Não continuar com a tolice. Alguns fazem do desacerto um objetivo e, por terem começado a errar, acham que insistir é sinal de perseverança. Em seu foro íntimo acusam o erro, mas de público o escusam, de maneira que, se quando começaram a tolice foram chamados de imprudentes, ao continuarem confirma-se que são tolos. Nem uma promessa irrefletida nem uma decisão equivocada podem obrigar-nos a persistir no erro. Quem assim faz, insiste com a primeira estultice e reforça a sua estreiteza: quer ser um constante impertinente.

262

Saber esquecer. Isto é mais ventura que arte. As coisas que mais devem ser esquecidas são as mais lembradas; a memória não só é vil, faltando quando é mais necessária, como também é tola, comparecendo quando não convém: é meticulosa quanto ao que causa sofrimento e descuidada no que poderia dar prazer. Às vezes o remédio para o mal consiste em esquecê-lo, mas nós esquecemos o remédio. Convém, portanto, adaptar a memória a esses costumes tão convenientes, porque pode nos dar a felicidade ou o inferno. Com exceção dos autossatisfeitos que, em seu estado de inocência, gozam de uma feliz simplicidade.

263

Muitas coisas que nos agradam não devem possuídas como propriedade. Goza-se mais delas quando são dos outros que quando próprias: o primeiro dia é bom para o dono, os demais para os estranhos. Gozamos em dobro com as coisas alheias, isto é, sem o risco de dano e com o gosto de novidade. Tudo tem melhor sabor na privação, até a água alheia parece néctar. Possuir as coisas, além de reduzir o prazer, aumenta os aborrecimentos, tanto ao emprestá-las quanto ao negá-las. Afinal, só as mantemos para os outros e com elas ganhamos mais inimigos que agradecimentos.

264   Não tenha dias de descuido. A sorte gosta de pregar peças e atropela todos os obstáculos para nos surpreender desprevenidos. A inteligência, a sensatez e a coragem devem estar sempre a postos, e até a beleza, pois o excesso de confiança pode levar ao descrédito de um dia para o outro. Quando mais necessário se faz ter cuidado, menos cuidado temos, pois não pensar é um alçapão que leva ao perecer. A atenção alheia também costuma usar o estratagema de observar discretamente as nossas qualidades e fazer uma rigorosa avaliação. Percebendo os dias em que as ostentamos, a astúcia os pula e sempre escolhe o dia mais inesperado para nos pôr à prova.

265   Saber comprometer os subalternos. Um desafio no momento certo cria homens cabais, assim como um afogamento iminente cria nadadores. Foi desta maneira que muitos revelaram o seu valor, e mesmo o seu saber, os quais continuariam sepultados na própria timidez se não surgisse a ocasião. Nas horas difíceis é que se constrói a reputação, e o homem nobre, vendo sua honra ameaçada, age por mil. A rainha católica Isabel sabia perfeitamente essa lição de comprometer os outros, tanto como todas as demais lições: é a esse sutil favor que o *Gran Capitán* deve seu renome, e outros muitos, sua fama eterna: com essa esperteza, ela fez grandes homens.

266   É ruim não reagir só para ser bom. Age assim aquele que nunca se aborrece com os outros, mas alguém tão insensível não é uma pessoa de verdade. Nem sempre o faz por indolência, muitas vezes é apenas incapacidade. Um rompante na hora certa é uma afirmação pessoal, pois até as aves acabam escarnecendo dos espantalhos. Alternar o amargo com o doce é sinal de bom gosto: pura doçura é coisa de crianças ou de bobos. Um grande erro é se perder, só para ser bom, nesse senso de insensibilidade.

267 Palavras de seda, com suavidade no trato. As flechas atravessam o corpo, mas as palavras malévolas atravessam a alma. Uma guloseima dá um bom aroma à boca: é uma grande habilidade na vida saber vender o ar. A maior parte das coisas se paga com palavras, e bastam elas para conseguir coisas impossíveis. Negocia-se no ar com o ar, e o alento dos superiores alenta muito. Há que ter sempre a boca cheia de açúcar para confeitar as palavras, que hão de parecer saborosas até aos inimigos. O único meio para ser amável é ser manso.

268 O homem sensato há de fazer no começo o que o tolo faz no fim. Os dois agem da mesma forma, só se diferenciam no tempo: aquele na hora certa, este fora de hora. Quem começou calçando ao contrário a compreensão das coisas, prossegue desse modo em tudo: põe nos pés o que deveria estar na cabeça, transforma a direita em esquerda, e assim é tão sinistro em tudo o que faz. Só existe uma maneira boa de lidar com as coisas; enquanto alguns fazem à força o que poderiam ter feito de bom grado, o homem de bom senso vê logo o que terá de fazer mais cedo ou mais tarde, e o executa com muito gosto e maior reputação.

269 Faça bom uso da sua novidade, pois enquanto for recém-chegado será apreciado. A novidade agrada universalmente devido à variedade; o gosto se renova, e em geral se dá mais valor a uma mediocridade recente que a um luminar já conhecido. As qualidades se desgastam e acabam envelhecendo; não esqueça que a glória da novidade dura pouco: em quatro dias lhe perderão o respeito. Saiba, então, tirar proveito dos primeiros frutos da estima e pegue tudo o que puder enquanto estiver agradando, porque a paixão esfria quando o calor da novidade passa, e o interesse pelo novo dará lugar ao enfado pelo costumeiro. E creia: tudo tem o seu momento, e este passa.

270 Não criticar sozinho o que agrada a muitos. Se satisfaz a tanta gente, tem que ter algo de bom e, ainda que não se entenda, há que desfrutar. A originalidade é sempre odiosa e, quando errônea, ridícula: desacredita mais o crítico, que ficará sozinho com seu mau gosto, que o objeto. Quem não sabe ver o lado positivo das coisas deve disfarçar sua limitação e não criticar a esmo, pois o mau gosto normalmente nasce da ignorância. O que todos dizem, ou é ou pode vir a ser.

271 Quem sabe pouco deve se ater sempre ao mais seguro. Em qualquer profissão, assim fazendo, mesmo que não o considerem sutil o considerarão bem preparado. Aquele que sabe pode se arriscar a fazer o que lhe vem à mente, mas quem sabe pouco e se arrisca está pulando num precipício. Não saia do trajeto conhecido, pois é mais seguro o que já foi estabelecido. Na dúvida, escolha a estrada principal; e em qualquer caso, sabendo ou não sabendo, a segurança é sempre mais sensata que a originalidade.

272 Vender as coisas a preço de cortesia, fazendo os outros contraírem uma dívida. Depois, um pedido do interessado nunca estará à altura da generosa dádiva de um homem agradecido. A cortesia não dá, compromete, e a gentileza é a maior dívida. Não há coisa mais cara para o homem de bem que o que lhe dão de graça, que tem dois méritos e exige dois preços a pagar: o do valor e o da gentileza. Já para o ruim, a cortesia na verdade é pura algaravia, pois ele não entende o modo de ser dos bons modos.

273 **Conhecer o caráter das pessoas com quem lidamos para saber suas intenções.** Depois de bem conhecida a causa se conhece o efeito e, depois, o motivo. O homem melancólico vê infelicidades em toda parte, e o maledicente, culpas; sempre destacam o que há de negativo e, sem perceber o bem já presente, vivem anunciando um mal possível. O apaixonado sempre usa uma linguagem diferente e não diz as coisas como são: nele quem fala é voz da paixão, não a da razão. Cada qual se manifesta segundo seus próprios afetos ou humores, e todos estão bem longe da verdade. Há que saber decifrar um semblante e soletrar a alma pelos sinais que ela dá; e saber reconhecer quem sempre ri por ser carente, e quem nunca ri porque mente. Cuidado com quem muito pergunta, seja por indiscrição, seja por provocação. Não espere grandes coisas dos feios e deficientes, que costumam se vingar da natureza – como ela pouco os honrou, também a honram pouco. Muitas vezes a estupidez é tanta quanto a formosura.

274 **Saber cativar os outros.** É um feitiço politicamente cortês. A amabilidade deve servir para atrair boa vontade mais que benefícios, ou para tudo. Não basta ter méritos sem obter o agrado e o aplauso dos outros, instrumento mais prático para se impor. Cativar é questão de sorte, mas pode ter ajuda de artifícios, pois o artificial funciona melhor onde há mais pendor natural. Daí se origina a afeição, até se conseguir a boa vontade de todos.

275 **Com desenvoltura, mas sem perder a compostura.** Não se há de ficar o tempo todo sério e de cara amarrada, isso faz parte das boas maneiras. Há que ceder algo no decoro para conquistar a afeição dos outros. Vez ou outra pode-se seguir o caminho da maioria, mas sem perder a compostura, pois quem é considerado tolo em público nunca será considerado sensato em particular. Perde-se mais em um dia de folguedos do que se ganhou em toda uma vida de seriedade, mas não se pode ser sempre uma exceção, porque ser diferente é como acusar os outros; e muito menos ter melindres, que é coisa própria do sexo feminino: até mesmo os melindres espirituais são ridículos. O melhor de ser homem é ter aparência de homem, pois uma mulher pode imitar com perfeição o jeito varonil, mas não o contrário.

276 **Saber renovar o caráter com a natureza e o engenho.** Dizem que de sete em sete anos mudamos de disposição: há de ser para aprimorar e elevar o espírito. Nos primeiros sete, adquirimos a razão; depois deve-se adquirir, a cada lustro, uma nova perfeição. Observe esse movimento natural para ajudá-lo e esperar, também, a melhora nos outros. Por isso, muitos mudaram de comportamento, de estado ou de atividade, e às vezes ninguém percebe a mudança até que se veja todo o seu alcance. Aos vinte anos todo mundo é um pavão; aos trinta, leão; aos quarenta, camelo; aos cinquenta, cobra; aos sessenta, cachorro; aos setenta, macaco; aos oitenta, nada.

277 **Saber ostentar-se é saber exibir as próprias virtudes.** Cada uma tem o seu momento; aproveite-o, pois não são muitos os dias de triunfo. Há homens extraordinários em que o pouco brilha muito e o muito brilha tanto que causa admiração. Quando a ostentação se soma à qualificação, parece algo prodigioso. Há nações ostentadoras, e a Espanha mais que qualquer outra. A luz se fez para reluzir toda a criação; ostentar as virtudes proporciona satisfação e proveito, oferecendo uma segunda existência a tudo, principalmente quando a realidade tudo confirma. O Céu, que dá a perfeição, precavê contra a ostentação, pois à primeira vista poderia ser agressiva: é

preciso arte para ostentar. Mesmo o mais excelente dos homens depende de circunstâncias, e nem sempre tem vez. A ostentação se malogra quando se dá fora de hora; e não há nada que exija menos afetação e que padeça tanto desse mal, pois que está bem próxima da vaidade, e esta do desprezo. Há de ser moderada, para não cair na vulgaridade, e seu exagero é um tanto desacreditado entre as pessoas de bom senso. Muitas vezes a ostentação consiste mais em uma eloquência muda, mostrando a perfeição como que por acaso, pois o melhor alardeio é um sábio encobrimento: justamente essa privação é o que atiça a curiosidade mais viva. Tenha a grande habilidade de não mostrar toda a perfeição de uma vez só, mas pouco a pouco, delineando e sempre acrescentando algo mais. Que uma qualidade seja penhor de outra maior, e que o aplauso dado à primeira, uma expectativa para as demais.

278

Evitar chamar a atenção em tudo. Quando são muito notadas, até as qualidades viram defeitos. Isso nasce da vontade de ser original, que sempre foi censurada: quem é muito singular acaba só. Mesmo a beleza, quando se sobressai, desfavorece; ao chamar a atenção, ofende, sobretudo as singularidades não autorizadas. Mas até pelos vícios alguns querem ser conhecidos, buscando novidades na ruindade para conseguir tão infame fama. Mesmo no intelecto, tudo o que é demais degenera em bacharelismo.

279

Nada dizer a quem o contradiz. É preciso saber identificar quando se trata de astúcia ou vulgaridade, pois nem sempre se contradiz por convicção, às vezes é mero artifício. Atenção, portanto, para não se envolver com a primeira nem se revolver com a segunda. Não há cuidado mais importante que acautelar-nos contra espiões, nem melhor contragolpe para os que pretendem sondar nossa alma que trancá-la por dentro com a chave do recato.

280

Homem honrado. Não é mais necessário agir corretamente: hoje as obrigações andam desacreditadas e são poucas as boas retribuições. O melhor serviço costuma receber a pior recompensa, como já se estila em todo o mundo. Há nações inteiras com inclinações nefastas: de umas se teme sempre a traição, de outras, a inconstância, e de outras ainda, o engano. Que a falta de retribuição dos outros sirva, então, não para imitá-los, mas para acautelar-nos. O risco é que a nossa própria integridade se esboroe ao dar com os malfeitos. Mas o homem honrado nunca se esquece de quem é em função do que os outros são.

281

Aquiescência dos sábios. Tem mais valor o *sim* indiferente de um homem especial que todo o aplauso popular, pois tais arrotos de ração não animam ninguém. Os sábios usam a cabeça ao falar, e por isso seus elogios dão uma satisfação eterna. O judicioso Antígono reduziu todo o seu público a Zenão, e Platão dizia ser Aristóteles toda a sua escola. Alguns só tratam de forrar o estômago, mesmo que seja do capim mais ordinário. Até os soberanos precisam dos que escrevem, e temem mais suas penas que as mulheres feias os pincéis do retratista.

282

Usar da ausência para conquistar o respeito ou o apreço dos outros. A presença reduz a fama, e a ausência a aumenta. O ausente que era considerado um leão se revela, quando presente, um ridículo ratinho parido pela montanha. Com a experiência, as qualidades perdem o brilho, porque sempre vemos a casca antes da vasta substância da alma. A imaginação corre mais que a vista, e o engano, que normalmente entra pelo ouvido, vem a sair pelos olhos. Quem conserva sua opinião para si mesmo conserva a reputação; pois até a ave fênix se vale do retiro para preservar a dignidade, e do desejo insatisfeito, para conquistar o apreço.

283 **Homem criativo mas prudente.** A criatividade revela uma inteligência exuberante, mas quem pode ser assim sem uma pitada de loucura? Ser criativo é coisa de inteligentes; fazer boas escolhas, de prudentes. A criatividade também é um dom, e dos mais raros, porque escolher bem muitos conseguem, mas inventar bem, muito poucos; e estes são também superiores em excelência e presteza. As novidades são sempre atraentes e, quando boas, realçam em dobro o que é bom. São perigosas em termos da racionalidade, por serem muitas vezes paradoxais, mas louváveis em termos do engenho; em ambos os casos, se acertadas, dignas de aplauso.

284 **Não seja intrometido, e não será destratado.** Queira bem a si mesmo se quiser ser querido pelos outros. Não se ofereça prodigamente, seja antes avaro de si: quem chega sendo desejado é sempre bem recebido. Nunca venha se não for chamado, nem vá se não for enviado. Quem se imiscui por própria iniciativa recebe sobre si todo o ódio se a coisa sair mal, e nenhum agradecimento se sair bem. O intrometido sempre é objeto do desprezo de todos; quando se insinua petulante, é rejeitado com desonra.

285 **Não morrer pela infelicidade alheia.** Veja quem está na lama, e observe como vai chamá-lo para se consolarem mutuamente de seus males. Querem ajuda para suportar o infortúnio, e agora estendem a mão aos mesmos a quem davam as costas na época de prosperidade. Há que ter tino com quem está se afogando, para acudir sem se expor ao perigo.

286 **Não se comprometer a tudo, nem com todos.** Isso seria ser escravo, e de todos. Alguns nasceram mais venturosos que outros: aqueles para fazer o bem, estes para recebê-lo. A liberdade é mais preciosa que a dádiva, porque se perde. É melhor ter muitos dependendo de si que depender de um só. A única vantagem de estar no comando é poder fazer mais o bem. Acima de tudo, não considere como favor a obrigação que tiver que assumir: na maioria das vezes a astúcia alheia vai se encarregar de lembrar-lhe.

287 **Nunca agir por paixão: errará tudo.** Não age por si quem está fora de si, pois a paixão sempre afugenta a razão. Use um terceiro como substituto, que há de ser prudente se for desapaixonado: quem está olhando sempre vê melhor do que quem está jogando, porque não se deixa empolgar. Sabendo-se alterado, o bom senso deve dar o toque de retirada, para que o sangue não ferva e resolva tudo de maneira sangrenta, dando ocasião, num breve instante, a muitos dias de desonra sua e murmuração alheia.

288 **Viver segundo a ocasião.** Governar, devanear, tudo há de ter sua hora. Queira as coisas quando são possíveis, pois a oportunidade e o tempo não esperam ninguém. Não viva à base de generalidades, a menos que sejam a favor da virtude, nem imponha leis precisas ao querer, pois amanhã talvez tenha que beber a água que hoje despreza. Há gente tão paradoxal em sua impertinência que pretende que todas as circunstâncias para o êxito devem se ajustar ao seu capricho, e não o contrário. Mas o sábio sabe que o norte da prudência consiste em agir conforme a ocasião.

289 O maior desdouro de um homem: mostrar sua condição humana. Os outros deixam de considerá-lo divino no dia em que o veem mais humano. A leviandade é o maior empecilho para a boa reputação: o homem reservado é considerado superior, tal como o leviano inferior. Não há vício mais desabonador que a leviandade, porque ela se contrapõe diretamente à seriedade. Um homem leviano não tem substância, ainda mais se for idoso, pois a idade impõe sensatez. E embora esse desdouro seja de muita gente, nem por isso deixa de macular individualmente cada um.

290 É uma felicidade poder juntar admiração e afeto. Não ser amado demais, para ser respeitado. O amor é mais atrevido que o ódio; afeição e veneração não combinam bem. Não se há de ser muito temido nem muito querido. O amor leva à intimidade e, quando esta entra, sai o respeito. Seja amado mais com admiração que com afeto, pois tal é o amor dos homens cabais.

291 Saber sondar os outros. A acuidade do homem sensato há de fazer frente à reserva do mais recatado: é preciso ter um grande discernimento para medir o discernimento alheio. É mais importante conhecer o caráter e as características das pessoas que das plantas e das pedras. Trata-se de uma das ações mais sutis da vida: pelo som se conhece o metal, e pela fala, a pessoa. As palavras nos revelam por inteiro, mas os atos muito mais. Aqui é preciso ter uma observação extraordinária, uma inquirição profunda, um comentário sutil e uma crítica judiciosa.

992 **A capacidade natural há de superar as obrigações do ofício, e não o contrário.** Por mais alto que seja o cargo, a pessoa há de mostrar que é maior que ele. Um talento fecundo se amplia e se evidencia a cada trabalho. Quem tem coração estreito é surpreendido com facilidade, e acaba sem a obrigação, mas também sem a reputação. O grande Augusto se jactava de ser maior como homem que como príncipe. Aqui conta a grandeza de espírito, e também uma prudente confiança em si mesmo.

993 **Da maturidade.** A maturidade resplandece no aspecto externo do homem, e mais ainda nos costumes. O peso físico é o que faz o ouro precioso, e o moral, a pessoa: é a nobreza de suas virtudes que provoca admiração. A compostura do homem é a fachada da alma; não uma tolice arbitrária, como querem alguns com ligeireza, mas uma forma tranquila de autoridade que fala por sentenças e age por acertos. Considera-se que alguém é um homem feito quando possui tanto de humanidade quanto de maturidade. Ao deixar de ser criança, começa a ser sério e respeitado.

994 **Moderar-se ao avaliar.** Cada qual opina segundo a própria conveniência, e a seu ver sempre lhe sobram razões. Quase sempre o discernimento dá lugar ao sentimento. Às vezes dois adversários se contrapõem, e cada um presume que a razão está do seu lado; mas ela, fiel, nunca se permitiu ter duas caras. O sábio há de encarar com ponderação assunto tão delicado, e as dúvidas que lhe surgirem podem reformar sua avaliação do comportamento alheio. Ponha-se às vezes no lugar do outro; examine os motivos do adversário. Com isso não o condenará nem se justificará tão cegamente.

295 **Fazer, mas sem aparecer.** Quem mais quer exibir seus méritos são os que menos motivos têm. Fazem mistério de tudo com a maior frieza, camaleões do aplauso que são, tornando-se motivo de riso geral. Sempre foi enfadonha a vaidade, e neste caso, ridícula: são formiguinhas da honra mendigando façanhas. Exiba menos as suas maiores qualidades. Limite-se a fazer as coisas, deixe os outros falarem. Ofereça os seus feitos, não os venda; tampouco se há de usar pena de ouro para escrever lixo, ofendendo o bom senso. Aspire a ser heroico, não a parecer.

296 **Homem de qualidades majestosas.** São essas que fazem os grandes homens. Uma delas equivale sozinha a toda uma pluralidade mediana. Já houve quem só quisesse ter em casa coisas grandes, até os utensílios domésticos comuns. O grande homem, quanto mais alto estiver, há de enaltecer também as virtudes de sua alma. Em Deus, tudo é infinito, tudo é imenso; também no grande homem tudo há de ser grandioso e majestoso, de maneira que todas as suas ações, e mesmo suas razões, revistam-se de uma majestade transcendente e grandiosa.

297 **Agir sempre como se estivesse em público.** Aquele que nota que o notam ou o notarão é um homem notável. Sabe que as paredes têm ouvidos, e que o malfeito sempre pode eclodir. Mesmo quando está sozinho, age como se à vista de todos, porque sabe que afinal tudo se há de saber; já olha como testemunhas agora aqueles que, pelas informações que receberem, o serão depois. Quem deseja ser visto por todos não se incomoda de ser observado pelos vizinhos.

298 **Três coisas formam um prodígio, e são o grau máximo da autonomia: engenho fecundo, juízo profundo e gosto relevantemente jucundo.** Idealizar bem é uma grande habilidade, mas habilidade ainda maior é raciocinar bem e saber o que é bom. A inteligência não consiste em manter a espinha dorsal ereta, pois nesse caso seria algo mais trabalhoso que aguçado. Pensar bem é fruto da racionalidade. Aos vinte anos reina a vontade, aos trinta, o engenho, aos quarenta, o juízo. Há inteligências que emitem luz, como os olhos de um lince, e pensam melhor na escuridão; e há outras, adaptáveis, que sempre descobrem o mais importante. Pensam muito, e bem: uma feliz fecundidade. Um gosto agradável sempre dá mais sabor à vida.

299 **Deixar com fome.** Há que deixar um pouco de néctar nos lábios dos outros, pois o desejo é a medida da estima. Até para a sede, um bom ardil é aliviá-la sem saciar. O que é bom, quando pouco, torna-se duplamente bom. Na segunda vez tudo perde valor. O excesso de satisfação é perigoso, pois leva a desprezar até a eminência mais eterna. Regra única para agradar sempre: encontrar o apetite ainda atiçado pela fome que restou. Se se há de irritar, que seja mais pela impaciência do desejo que pelo enfado da fruição: desfruta-se em dobro a felicidade quando é sofrida.

300 **Em uma só palavra, um santo, que é o mesmo que dizer: tudo de uma vez só.** A virtude é o encadeamento de todas as perfeições, o centro das felicidades. Faz do sujeito um prudente, atento, sagaz, sensato, sábio, valoroso, prudente, íntegro, feliz, louvável, verdadeiro e universal herói. Três s compõem a felicidade: santo, sadio e sábio. O sol do mundo inferior é a virtude, e seu hemisfério, a boa consciência: ela é tão bela que conquista a graça de Deus e das pessoas. Não se há de amar nada tanto como a virtude, nem abominar como o vício. A virtude é a única coisa verdadeira: todo o restante, brincadeira. A capacidade e a grandeza se medem pela virtude, não pela fortuna. Só a virtude basta a si mesma: com o homem vivo, torna-o amável; depois de morto, memorável.

fontes
Source Sans Pro
Grenze

@novoseculoeditora
nas redes sociais

gruponovoseculo
.com.br